Couvertures supérieure et inférieure manquantes.

HISTOIRE

DE

SAINT-VALERY

HISTOIRE

CIVILE, POLITIQUE ET RELIGIEUSE

DE

SAINT-VALERY

ET

DU COMTÉ DU VIMEU

Par Fl. LEFILS

AVEC DES ANNOTATIONS PAR M. H. DUSEVEL

ABBEVILLE

RÉNÉ HOUSSE, IMPRIMEUR-ÉDITEUR

Rue Saint-Gilles, 106

1858

INTRODUCTION

Il existe, épars dans les bibliothèques publiques ou privées, des livres imprimés ou manuscrits qui contiennent, sur diverses localités, des notes souvent inédites du plus grand intérêt au point de vue de l'histoire. L'isolement de ces notes leur ôte l'intérêt qu'elles pourraient avoir si elles étaient réunies et classées par ordre de chronologie et de date. Cette réunion formerait alors pour chaque ville qui a occupé une place ou joué un rôle plus ou moins important dans l'histoire de la contrée, un volume qui ne serait point dénué d'intérêt et d'utilité.

On conçoit aussi qu'il importe sérieusement dans l'intérêt de l'histoire locale, de ne point laisser perdre ces documents souvent uniques; c'est en les réunissant dans un même cadre, qu'on peut arriver à établir et fixer le passé des localités qu'ils concernent et qu'on prépare ainsi pour l'avenir, des matériaux précieux qui trouveront leur place dans une histoire générale qui n'en sera que plus complète.

Puis, il y a une certaine satisfaction pour une cité de fondation ancienne, quelque médiocre qu'elle soit présentement, de voir ses annales réunies sous forme historique, en un livre plus ou moins volumineux. L'histoire d'une ville appartient à la famille; c'est un peu le livre des ancêtres, et on se sent fier et heureux des belles actions qui illustrèrent les anciens du pays.

Ces considérations nous ont engagé à recueillir toutes les notes que les bibliothèques publiques ou particulières ont pu conserver des temps passés, afin d'arriver à écrire un jour l'histoire des principales communes de l'ancienne Picardie.

Nous avions déjà été devancé dans cette pensée par M. Darsy, qui a écrit avec un véritable talent, l'histoire du canton de Gamaches. Son livre nous a fourni des notes précieuses que nous nous sommes permis d'emprunter, pour les faire entrer dans cette histoire de Saint-Valery.

Indépendamment de l'histoire d'Abbeville, si savamment écrite par M. Louandre, il y a, dans cet arrondissement, plusieurs anciennes cités dont les annales méritent d'être sauvées de l'oubli; Saint-Valery, Rue, Crotoy, Saint-Riquier, ont tenu une large place dans l'histoire du passé; elles doivent avoir leur histoire particulière. Nous avons puisé largement dans les écrits de MM. Devérité, Louandre et Prarond, ainsi que dans quelques manuscrits qui nous ont été officieusement communiqués. Ayant l'intention de continuer cette œuvre pour toutes les communes de quelque importance de l'ancien Ponthieu, nous recevrons avec reconnaissance les documents qu'on voudrait bien nous confier.

Sans doute nous ne parviendrons point à

recueillir tout ce qui concerne le passé de ces localités, mais notre histoire n'est qu'un jalon où viendront se rattacher, dans la suite, d'autres indications qui serviront à faire de nouveaux recueils plus complets et plus dignes de figurer sur les tablettes des bibliothèques.

I.

Dans une charte du roi Dagobert, le côteau qui domine aujourd'hui la ville de Saint-Valery et qui en forme le territoire, est nommé *Montem Leuconum*[1], d'où l'on a donné *Leuconaus*[2] pour premier nom à cette ville et trouvé son étymologie dans les mots grecs *Leucos*, blanc[3] et *Naus* navire, parce qu'on aurait dit de cette côte : *c'est un lieu blanc où abordent des navires*. A cette étymologie un peu forcée, nous préférons, en nous basant sur la conformation du littoral, chercher notre origine dans la langue celtique et tirer le terme adouci de *Leuconaus*, du mot plus barbare et plus vraisemblablement originel, de *Leak-Ness*, c'est-à-dire *Leak*, ri-

[1] Dagobertus dei gratia rex... cenobites S. Walarici cui antecessor meus, Montem leuconum super mare situm concesserat locum.

[2] S. Walarice monasterium, hoc nomine appellatum est seculo X, ponitur....., in loco qui Leuconaus antiquo vocabulo dicebatur, ad somonœ fluminis ostiæ in oceanum. *(Gallia christiana)* Walaricus in pagi vinemani loco maritimo leuconao, posito ad ostium fluminis Suminœ..... Nunc locus a cœnobio nobiliore parte dicitur S. Walarici, vel ad sanctum Walaricum (Notit. Gall. page 274).

[3] *Histoire des monastères d'Angleterre*. Ingulphe.

vage, et *Ness*[1], cap, corne ou promontoire : *rivage pointu, rivage cornu*.

Telles étaient en effet la disposition et l'apparence du *Montem Leuconum* de Dagobert. C'était, à l'époque la plus reculée où il nous soit permis de remonter, une partie du rivage qui s'avançait en pointe dans la mer, car alors les bas-champs de Lanchères n'existaient pas : leur emplacement n'était qu'un banc de sable ou de roche sur lequel la mer heurtant rudement, produisait un choc ou *heurt*, dont la désignation nous parait conservée dans les noms de *Hurt* et *Waliéhurt*, hameaux situés sur ce banc, et où nous devrons plus tard chercher la véritable origine du mot Hourdel.

Mais laissons le vague des étymologies pour entrer dans une voie plus positive.

Je tiens à démontrer, comme je l'exposerai plus au long dans un autre ouvrage, que le *Montem Leuconum* ou, plus probablement, le *Leak-Ness*, fut,

---

[1] *Nauss*, est la contraction de *ness* qui, dans le langage celtique, indiquait un cap ou toute éminence avançant dans la mer; par une crâse pareille, on trouve dans plusieurs noms de rivages les mots *nach* et *neach*. Le *ch* et l's se substituant réciproquement, dit M. Labourt, on a dû dire *nas* et *nes*, comme *nach* et *nech*, ce qui se voit par le latin *nasus*, le français *nez*, l'italien *nazo*, l'allemand *nase, næse, naze*, le theuton *nasa*, le russe *noss*, le bohémien et le polonais *nos*, le dalmatien *noos*, le lusacien *noch*, l'anglais *noso*, le flamand *nwese*, l'esclavon *nus*. Les anciens ont regardé le nez comme une espèce de promontoire ou élévation, et l'ont appelé d'un nom qui marque ces choses. Ainsi *noss* en langage russe, signifie à la fois nez et promontoire. *Noso* en hébreu, élever, lever haut, et *nasi*, dans la même langue, les grands de l'Etat, les princes, et *nasas* en persan, éminence. (*Mémoires de la Société des Antiquaires de Picardie*. Tome IV, page 254.)

dans l'origine, détaché du continent, non point de la terre de Pendé, mais de la falaise d'Ault, à laquelle il se rattachait par un contrefort aujourd'hui disparu, et dont le roc de Cayeux est la base.

Le mamelon qui forme le territoire de Saint-Valery est, en effet, l'extrémité d'un contrefort orographique identique à ceux de Saigneville et de Boismont, et qui avait une direction parallèle à celui sur lequel s'élèvent les villages de Friaucourt, Woignarue, Brutelles et Pendé. Le vallon qui les séparait existe encore dans sa partie supérieure entre Friaucourt et Ault; il passait au bas de Brutelles, à Lanchères, à Sallenelle et débouchait dans la vallée de Neufville avec la petite rivière d'Amboise qui a sa source à Pendé. On comprend dès lors que le contrefort, dont la butte de Saint-Valery est l'extrêmité tronquée, prenait à Ault et couvrait tout l'espace occupé aujourd'hui par les terroirs de Cayeux et de Hurt. La Somme à marée basse et la mer dans son plein, attaquant cette côte dans le sens de sa longueur, la firent disparaître assez rapidement dès qu'elle fut entamée. Les parties basses du Cap-Cornu ne sont que des portions détachées du mamelon, restées sur place.

La butte de Saint-Valery est, comme la falaise d'Ault, composée de brêches crayeuses appartenant à la période tertiaire, que le regrettable docteur Ravin, de Saint-Valery, a nommée *palæothérienne;* elle contient des cyrènes, des melanies, des cérithes et surtout des huîtres; l'argile plastique s'y trouve mélangée de fragments de coquilles très-variées. Au dessous de l'argile sont des grés ferrugineux, puis enfin le banc de craie, qui forme la base du bassin géologique de la Somme.

Il est évident que la colline détruite, qui s'étendait du Cap-Cornu à Ault, était de même nature. Des sondes faites à Cayeux nous feraient probablement découvrir ce roc, ou plutôt la craie du contrefort dont le *Montem Leuconum* n'est que l'extrêmité tronquée.

Après la section de ce côteau, les eaux des marées ne rencontrant plus d'obstacle, pénétrèrent dans les vallons où sont aujourd'hui situés les villages de Ribeauville, Pendé, Estrebœuf, entourant ainsi, à marée haute, la portion de la colline qui était restée intacte et qui devint une île très escarpée, couverte de forêts et de bruyères et battue de tous les côtés par les eaux et par les vents. Ce fut le *Montem Leuconum* ou *Leak-Ness*.

Nous nous représenterions alors, que l'île était habitée ou du moins visitée par le peuple mystérieux qui ne nous a laissé de souvenir que dans quelques noms significatifs, dans les traditions et dans de rares vestiges recueillis sur le sol. Si ce ne fut point une ville, comme rien ne l'indique, on peut raisonnablement croire qu'il y eut des habitations isolées dans la campagne, pour tirer parti soit de la pêche soit des ressources de la terre. La destination de la pirogue gauloise recueillie par le docteur Ravin dans les tourbières d'Estrebœuf[1], serait alors trouvée. Cette barque abandonnée sur l'*estran*[2] de la côte, dut servir au passage du détroit. Abandonnée sur place, soit par la retraite des habitants, soit par d'autres causes, les herbes marines auront cru autour d'elle et l'auront recouverte; l'alluvion, aura ensuite envahi le tout et les grandes herbes se seront transformées en tourbière au milieu de laquelle la pirogue se sera conservée pendant des siècles.

Pour nous donc, le *Leak-Ness* était non-seulement un promontoire, mais une île, terre élevée au milieu des eaux et des sables d'une grève que les alluvions devaient exhausser.

Cette île était naturellement fortifiée sur trois points, de l'est à l'ouest par le nord, par des falaises

---

[1] Cette pirogue gisait sur le gravier, au-dessous du banc de tourbe. Elle était faite d'un seul tronc d'arbre, d'un chêne dont le bois, assez bien conservé, se reconnaissait aisément. La longueur était de trente pieds et présentait une largeur moyenne de vingt pouces. Elle avait le fond plat en dessus comme en dessous, mais un peu arquée sur sa longueur; ses bouts n'étaient pas terminés en pointe. Une de ses extrémités, qui devait être la posterieure, était plus étroite et plus longue que l'autre. La proue plus large et chargée du mât, ne devait pas s'enfoncer dans l'eau plus profondément que la poupe, qui était plus étroite et ne portait rien. L'emplacement du mât était indiqué vers la proue non seulement par la saillie et l'épaisseur des bords mais encore par une saillie pareille ménagée dans le fond de la barque. (*Mémoires de la Société d'Emulation d'Abbeville*, 1831 et 1835, page 81. M. Ravin.)

[2] Le nom d'Estrebœuf est évidemment celtique; il vient d'*estran*, plage, et *bow*, courbe, plage ou rivage courbe. C'était en effet la conformation de cette partie de la côte, qui formait un coude.

abruptes que baignaient les eaux de la Somme et de la mer. Il n'était besoin de fortifier la position que du côté du midi où une plaine basse, mais marécageuse, sujette à être inondée par les grandes marées, rattachait l'île au continent. C'est ce que firent les Romains, qui ne manquèrent pas de venir occuper une position si facile à mettre à l'abri des attaques des indigènes, dont ils avaient à redouter les intentions hostiles. Ils fortifièrent le côté vulnérable de l'île, celui par lequel on pouvait communiquer de mer basse avec la terre ferme; et ce retranchement, dont les traces existent encore, occupe toute la partie qui pouvait être abordée. Cet ouvrage nommé vulgairement *Chemin vert* ou fossé de *Saint-Valery*, forme une espèce de boulevard couvert d'herbes. Une tradition populaire prétend que c'était la promenade habituelle du saint homme, et que ce fut sous la pression de ses pas que le chemin se fraya : cette opinion ne fait que confirmer l'ancienneté de ce monument dont M. Ravin a reconnu et constaté l'origine.

Dirigé du nord-ouest au sud-est, sur une longueur de deux mille mètres, le retranchement, dit M. Ravin, s'étendait depuis la falaise du cap Hornu, que la mer baigne, jusqu'à la côte de Rossigny, qui domine la vallée de l'Amboise. Il décrivait, dans ce long trajet, trois grandes courbures, dont les deux extrémités étaient les plus longues : leur convexité tournait sur la plaine, tandis que la courbure moyenne, opposée aux deux autres, était plus étroite et rentrait dans le camp.

Ce terrassement n'a été conservé que par des circonstances fortuites; quelques pierres servant de bornes, des buissons, cinq ou six arbres l'ont défendu contre les empiètements de la charrue, mais partout on peut encore le reconnaître et en apprécier la destination.

M. Ravin est d'avis que ce territoire était depuis très-longtemps habité. « Quand les soldats romains sont venus occuper l'emplacement de Saint-Valery, dit-il, ils ont trouvé le territoire habité par des familles gauloises. L'existence de cette peuplade nous est manifestée par ses haches en silex, par ses médailles et surtout par les restes de poteries funéraires qu'elle a laissés [1]. » Le vallon nommé encore *la Pourrière* semble n'avoir été qu'un vaste champ funéraire dans lequel on a retrouvé des sépultures gauloises et des tombeaux romains.

Les médailles recueillies par M. Ravin sont à l'effigie de Tibère, Caligula, Claude, Néron, Vespasien, Titus et de tous les Empereurs romains jusqu'à Théodose-le-Grand. Quelques médailles grecques et gauloises ont aussi été ramassées au même lieu. Néanmoins on ne pense point qu'il y ait eu à Leuconaus autre chose qu'un établissement militaire. Si les Gaulois l'habitèrent, ce fut sans doute dans

---

[1] *Mémoires de la Société d'Emulation d'Abbeville,* années 1844 à 1848, page 208.

des habitations disséminées, mais il n'y eut point d'agglomération ayant pu former une ville assez importante pour que les envahisseurs s'en soient beaucoup occupé. Les Romains ne changeaient que les noms des grandes cités pour leur donner ceux de leurs empereurs, César, Auguste, Aurélien, etc. Quant aux petites localités, ils se bornèrent à en adopter le nom dont la prononciation en se latinisant, s'adoucit pour leur usage; c'est ainsi que Leuconaus ou Leuconus fut substitué à Leak-Ness.

On ne sait rien de positif du séjour des Romains à Saint-Valery. L'histoire et les légendes ne fournissent que des notions vagues, nous ne pouvons en parler que par conjectures. Il est évident que ces conquérants eurent des établissements sur tout le circuit de la baie de Somme, ainsi que le témoignent les ruines que la bêche ou le soc de la charrue y remuent quelquefois; mais sur les actes de ces colonies, sur leur importance, l'histoire et la tradition sont muettes.

Aucun autre indice archéologique ne supplée au défaut de l'histoire. Cependant, dans les environs de Saint-Valery, nous devons citer Tours, où un buste de Cybèle, de six pouces de hauteur environ, a été retrouvé. « Ce buste, dit M. de Caylus, qui l'a fait graver dans son recueil d'antiquités [1] est le plus beau et le mieux dessiné que j'aie vue de fa-

---

[1] *Mémoires de la Société d'Emulation d'Abbeville*. 1834-35, p. 71.

brique romaine..... L'air de tête ne peut être plus agréable ni les cheveux mieux traités. Le coiffeur indique de quelle façon les tours flanquaient et défendaient autrefois les murailles et les portes. »

Il y avait probablement un établissement romain à Tours et un autre à Sery, près Gamaches, où l'on a retrouvé une mosaïque, des vases et des tuiles à rebord d'origine romaine. Plusieurs tombelles aussi sont desséminées dans les plaines du Vimeu.

M. Ravin de Saint-Valery qui s'est beaucoup occupé du pays de Vimeu, a retrouvé la trace de voies romaines qui le traversaient; l'une d'elles existe depuis Beauchamps sur la vallée de la Bresle, jusqu'à Martaineville-lès-Bus à l'extrémité de la vallée de Vismes ; la route de Beauvais à la mer venait s'embrancher sur cette voie aux environs de Frettemeule, après avoir passé devant le Translay et Morival. Cette voie romaine, dit M. Ravin, servant à faire la jonction des grandes voies d'Amiens et de Beauvais avec celle de Lillebonne, mettait ainsi le pays des Calètes en communication avec celui des Bellovaci et des Ambiani.

Don Grenier prétend qu'une voie romaine se dirigeait d'Amiens vers Saint-Valery, Dieppe et Eu. Cette route est sans doute celle reconnue entre Ailly-sur-Somme et Pecquigny, vers Molliens-Vidame et Oisemont; mais rien n'indique qu'elle ait eu Saint-Valery pour objet.

Il en cite ensuite un autre : « de Saint-Valery à

Estrebœuf, de là à Arrest, de là à Valines (Chemin Vert), de là à Frettemeule, de là à Tranlay, de là à Rambures, de là au bout de Lignières, de là à Andainville, de là à l'occident de Villers-Campsart, de là elle gagnait Poix. »

M. Devérité, dans son *Histoire de Ponthieu*, parle aussi de ces voies. « Le Vimeu, dit-il, est coupé de grandes chaussées qui ont retenu le nom de la malheureuse reine Brunehaut, et qui semblent devoir, en quelque sorte, réparer l'honneur de sa mémoire si indignement flétrie. Celle proprement dite *la Chaussée Brunehaut*, paraissait toucher d'un bout à la mer, du côté du Tréport, havre autrefois fameux, de l'autre, elle allait, à ce qu'on croit, se rendre à Beauvais par Vismes, Poix, etc.[1]. »

M. Prarond dans ses *Notices historiques et topographiques sur l'arrondissement d'Abbeville*, s'étend davantage sur les chaussées du Vimeu. « On croit, dit-il, reconnaître deux chaussées distinctes, dont l'une se rend au Tréport, l'autre à Saint-Valery. Ces deux chaussées se croiseraient à Frettemeule. » M. Prarond donne ensuite, d'après une lettre écrite le 26 juin 1788, à M. Traullé, avocat à Abbeville, le tracé de ces voies; la première va de Buleux à Martaineville; de Martaineville elle passe à côté de Vismes qu'elle laisse sur la droite; de là elle passe au pied de l'église de Frettemeule; de là dans un

---

[1] *Histoire du comté de Ponthieu*. Devérité, introd. page 63.

hameau appelé Vis. On la retrouve près d'une ferme appelée Tout-Vent, non loin de Gamaches, d'où elle va à Beaulieu; alors elle est dans la vallée de la Bresle où ses traces sont perdues.

D'après M. Traullé une chaussée venait d'Amiens, par la vallée de Tenflos ou des dix courants, passait au Quesnoy, à Airaines et montait dans le Vimeu par Forceville, pour gagner la mer par Buleux et Vismes. Une autre venait des environs d'Aumale, où avait existé une ville romaine, et passait par le bois de Bouillancourt pour se rendre aussi à la mer.

Ces indications sont bien compliquées et bien vagues; les traces de ces voies sont d'autant plus difficiles à retrouver maintenant que, comme le dit M. Prarond, on les perd souvent de vue, surtout dans les vallées où elles sont recouvertes de terres éboulées des collines ou entraînées par les pluies. M. Dargnies de Fresnes, ajoute-t-il, ne croyait à aucune chaussée dans le Vimeu.

D'après nous il devait y en exister; nous croirions à celle de Saint-Valery par Arrest et Estrebœuf, et à celle de Tréport indiquée par M. Ravin; mais ces routes n'étaient que secondaires, et Leuconaus nous parait avoir été un lieu isolé en dehors des grandes voies de communication romaines.

Un cimetière mérovingien a été reconnu à Miannay : on y a trouvé, outre diverses poteries, des armes d'origine saxonne, et d'autres objets qui sont déposés au musée d'Abbeville. Là se bornent les antiquités que le sol du Vimeu nous a révélées.

Il est présumable aussi, et l'investigation du sol le démontre péremptoirement, que pendant les quatre siècles que les Romains passèrent dans les Gaules, il s'opéra de grands changements dans l'estuaire de la baie de Somme. Des attérissements nombreux convertissaient les profondeurs en bancs de sable et en marais. La branche principale de l'embouchure, qui contournait la butte de Leuconaus et se dirigeait le long de la côte de Lanchères jusqu'à la falaise d'Ault, cédait peu à peu sous la pression du banc appelé le *heurt* de Cayeux, et ce chenal, en prenant la direction de l'Ouest, abandonnait à l'alluvion toutes les terres qui formèrent depuis les territoires de Cayeux et de Lanchères.

Sur la rive opposée, le banc du Crotoy s'étendait aussi et était occupé par un établissement romain, pour garder les passages de la rivière dans la partie du Nord.

On conçoit que dans ces conditions topo-hydrographiques, l'établissement de Leuconaus dût être favorable à la navigation. Aussitôt que les peuples commercèrent par mer, ils durent profiter des avantages que leur présentait un havre d'un abord facile, situé à l'entrée d'une grande rivière qui rendait les communications commodes et sûres avec les contrées de l'intérieur. M. Louandre pense que l'établissement romain de Saint-Valery, sur la Somme, était destiné à en défendre les abords contre les attaques des Belges septentrionaux et à protéger les transports de vivre et des munitions, que les Romains effectuaient généralement par la voie des rivières[1].

On a auguré aussi que les Romains avaient eu, à l'embouchure de la Somme, un établissement maritime important; qu'un officier ayant le titre de *Præfectus classis sumbricæ* avait résidé au Crotoy et commandé les flottes considérables qui stationnaient à ce port et à celui de Leuconaus[2]. La notice de l'Empire désigne le Crotoy et Leuconaus en ces termes : *Quartensis sive Hornensis locus*, parceque Quartensis semble avoir pour dérivé le Crotoy. Il fallait alors chercher à placer Hornensis; et comme le Cap-Cornu se trouvait sur la rive de Saint-Valery, on imagina de dire *Cap-Hornu*, afin de pouvoir répondre d'une manière satisfaisante à la supposition de la notice de l'Empire.

Ces opinions nous paraissent trop légèrement avancées pour que nous puissions les appuyer ici. Nous ne voyons point que les rives de la Somme aient parues assez importantes aux Romains, pour que ceux-ci leur aient imposé une désignation autre que celle qu'elles tenaient de leurs anciens habitants. Nous arrivons donc à l'invasion franque sans avoir à constater, dans l'histoire de Saint-Valery jusqu'a-

---

[1] *Histoire d'Abbeville*. Louandre, tome I, page 7.
[2] *Notice de la Gaule*. Danville.

lors Leuconaus, aucun fait positif qui puisse nous éclairer sur les premiers âges de cette ville.

Les Romains, divisés par les guerres intestines, n'avaient plus la force de résister aux invasions des hommes du Nord, qui les attaquaient et par terre et par mer. Les tribus franques avaient déjà dépassé les rives du Rhin, et celle des Mérowinges ou enfants de Mérowig, garnissaient les bords de la Somme, rive droite, depuis Samarobrive (*Amiens*) jusqu'à l'embouchure du fleuve en face de Leuconaus. Les Romains essayèrent encore de s'y maintenir ; ils augmentèrent leurs moyens de défense[1], mais ils durent céder au nombre : ils abandonnèrent la plage de Leuconaus et successivement leurs autres positions de l'ancien pays des Ambiani.

« Les invasions des Francs sans cesse renouvelées, dit M. Augustin Thierry, furent désastreuses, sans mesure, et leurs bandes incendiant, dévastant, prenant des terres chacune à part, se cantonnèrent une à une sans offrir aux indigènes ni capitulation ni merci[2]. » Leuconaus fut probablement ravagé comme les autres endroits qui présentèrent quelque défense, et c'est à cette destruction violente qu'il faut attribuer les ruines romaines qui sont, de temps à autre encore, mises à jour par la bêche du cultivateur ou par la pioche du terrassier.

[1] *Mémoires de l'Académie des inscriptions et belles-lettres.* Tome 10, page 446.
[2] *Récits des temps mérovingiens.* Augustin Thierry, 1840, tome 1er, page 216.

Le siège des rois francs fut tour-à-tour à Amiens, à Tournay, à Cambray, à Soissons. Clovis, l'un d'eux, acheva la défaite des Romains et étendit sa conquête sur toute la Gaule. Après sa mort, ses fils divisèrent entre eux le royaume des Franks qu'il avait fondé. Clotaire, qui avait eu en partage le royaume de Soissons, investit Alcaire, fils d'un roi assasiné par Clovis, du gouvernement des côtes maritimes depuis la Seine jusqu'à l'Escaut, contrée qui fut nommée *Ponthus* ou *Ponthieu* et son gouverneur *Dux franciæ maritimæ seu Ponticæ*. Ce fut l'origine des ducs ou comtes du Ponthieu, dont le domaine se rétrécit progressivement jusqu'à ne faire qu'un très petit canton entre la Bresle et la Canche avec Abbeville pour capitale.

La partie du Ponthieu qui se trouvait resserrée entre la Somme et la Bresle, sur le littoral de l'Océan, était appelée *Vimeu*. M. Dargnies de Fresnes croit que l'étymologie de ce nom vient du latin *Vimen*, signifiant osier, bois flexible, parce qu'il y aurait eu, dans l'origine, des oseraies aux sources et sur les bords de la rivière[1].

M. Huet, évêque d'Avranches, prétendait que *eu*, qui se retrouve dans plusieurs noms de ces contrées : *Eu, Vimeu, Ponthieu, Franleu, Envermeu, Acheu*, etc., avait été latinisé *auga*, prononcé *augt*. *Auga* proviendrait du Celte *al*, pomme, et *guez*, arbres, à cause des nombreux pommiers qui se trou-

[1] *Lettres aux bénédictins*, par M. Dargnies, de Fresnes.

vent dans cette contrée. C'est ainsi qu'il y a, dans la basse Normandie, le pays d'*Auge*, également abondant en pommiers.

Le pays de Vimeu avait a peu près vingt lieues carrées de superficie; c'est un pays de plaines, élevé, où il n'y a que des vallons et point de rivières. La surface unie et élevée des campagnes du Vimeu, dit M. Devérité, en a fait le camp de plusieurs armées[1]. C'est sans doute à ces circonstances qu'il faut attribuer les tombelles qu'on rencontre fréquemment sur les terres du Vimeu, mais que la charrue affaise de plus en plus, tellement qu'elles ne seront bientôt plus reconnaissables.

M. Prarond en citant l'opinion de M. Dargnies de Fresnes, qui veut que le mot Vimeu vienne du village de Vismes, se demande si c'est le village qui a donné son nom à la rivière du Vimeu ou la rivière qui a donné le sien au village.

L'auteur du roman de *Rou*, Robert Wasse, dit :

> Gome part Pontif è Vimou
> E Vimou dune Tresque ou.

Le Vimeu est borné au sud-est par la Bresle, au nord-est par la Somme. Le petit ruisseau de Vismes, sur lequel était situé le premier château des comtes du Vimeu, se jette dans la Bresle, à Gamaches, après un parcours de six kilomètres.

---

[1] *Histoire du comté de Ponthieu*. Devérité. Introduction, page 53.

M. Dargnies de Fresnes, dit encore M. Prarond, pense que le Vimeu, très-anciennement habité, reçut une colonie romaine; il tire à cet égard ses preuves d'une foule de noms latins des villages et de l'ancienneté des défrichements, défrichements dont on n'a pas mémoire, et bien antérieurs aux défrichements monastiques [1].

[1] *Notices historiques et topographiques sur l'arrondissement d'Abbeville.* M. Prarond. Introd., page 49.

II

L'histoire ne commence à parler positivement de Saint-Valery, que vers les commencements du septième siècle, époque à laquelle un saint homme du nom de Gualaric, vint fixer sa demeure sur le mont Leuconaus.

Avant lui déjà, plusieurs apôtres de la foi avaient parcouru le Vimeu. Saint-Quentin, fils d'un sénateur romain, était venu en France, vers l'an 245, avec Saint-Lucien de Beauvais, et il avait pénétré jusque chez ces populations idolâtres. On lui érigea une église au village d'Outra ville qui, de son nom, est encore nommé Saint-Quentin-Motte-Croix-au-Bailly. Ce courageux prédicateur fut arrêté par les ordres du préfet Rictius Varius et conduit en la ville d'*Augusta*, du pays de Vermandois, où on lui traversa le corps, de haut en bas, avec deux broches de fer.

Saint-Mellon, Saint-Victrice, Saint-Firmin et Saint-Loup ou Saint-Leu, arrosèrent aussi ces contrés de leurs sueurs et y firent de nombreux prosélytes. Saint-Loup, qui avait été archevêque de Sens, avait été exilé au village d'Ancennes où sa mémoire fut pendant longtemps dans une juste vénération.

L'évêque d'Amiens; Berchund, avait continué l'œuvre de ces apôtres, il prêchait dans le Vimeu dès les premières années du quatrième siècle. Les plaines, entre la Somme et la Bresle, étaient alors entrecoupées de sombres et impénétrables forêts. Il y avait là des hommes qui s'y étaient réfugiés pour fuir la domination romaine et se livrer paisiblement au culte national des arbres, dont la tradition leur venait des Druides. Berchund pénétra seul parmi ces ennemis de sa foi; il parlait à ces hommes ignorants et primitifs, et la beauté de la parole évangélique frappait leur imagination. Ils recevaient le baptême; mais à peine les avait-il quittés, qu'ils retombaient dans leurs erreurs. Un arbre d'une grosseur remarquable, situé sur les hauteurs de la Bresle, était surtout l'objet de leur adoration : c'était l'arbre druïdique auquel les dévôts immolaient des victimes. Berchund essaya en vain de les détourner de ce culte sauvage; ils résistèrent. Il attacha des croix et des reliques aux branches afin de donner le change à la vénération des idolâtres; mais sans être plus heureux : les pratiques superstitieuses persistèrent[1].

[1] *Vie de Saint-Valery et histoire de l'abbaye, composée par Jean-Baptiste de Boulongne, où il est traité de sa fondation qui est environ de l'an 627 jusqu'en l'an 1314. Manus. Bibl.*

Les rois de la première race firent plusieurs fois des règlements pour détruire ces restes de l'idolâtrie druïdique. « Nous ordonnons, est-il dit dans une » loi de Childebert, à ceux qui auront dans leur » champ, ou dans un autre lieu, des simulacres ou » idoles dédiées au démon, de les renverser aussitôt » qu'ils en seront avertis; nous leur défendons de » s'opposer à ce que les évêques les détruisent; et » si, après s'être engagés par cautions à les dé- » truire, ils les conservent encore, nous voulons » qu'ils soient traduits en notre présence[1]. Celui » qui sacrifie aux fontaines, aux arbres et aux » pierres sera anathématisé[2]. »

Mais les ordonnances étaient sans effet sur ces esprits que la terreur retenait attachés aux coutumes de leurs pères : le mal persistait. Il eût fallu que Berchund se retirât auprès des idolâtres et qu'il vécut avec eux pour les maintenir dans la bonne voie. C'est à Saint-Valery qu'était réservé la gloire de détruire jusqu'aux dernières traces de ce culte grossier.

Gualaric ou Walaric était originaire de la province d'Auvergne. Saint-Germain d'Auxerre avait été son maître; il le quitta pour se faire moine à Luxeuil dont Saint-Colomban d'Irlande était abbé, il se fit bientôt remarquer par la régularité de ses mœurs et par la profondeur de sa piété. Le père

---

[1] *Capitular Baluzii.* Tome I, page 1.
[2] *Ibid.* Tome II, coll. 1397, 1398.

Ignace dit que Gualaric n'était qu'un petit berger provenu de parents pauvres et n'ayant qu'une houlette pour tout bien. La grâce de Dieu le tira de cet état pour en faire un modèle des vertus chrétiennes [1].

Malheureusement le relâchement de la règle monastique divisait les religieux de l'abbaye de Luxeuil; Saint-Colomban partit exilé. Gualaric, profondément affligé de ce scandale, résolut de se retirer dans la solitude pour y vivre dans le recueillement et la prière; il quitta Luxeuil et alla où Dieu voudrait le conduire; au bout de quelques jours il se trouva sur les rives du fleuve de la Somme et en suivit les bords jusqu'au rivage de la mer. Arrivé sur ce point, le saint homme s'arrêta à un endroit où jaillissait une fontaine dont le filet argenté descendait en serpentant sur les pierres et parmi les herbes du sol et les feuilles tombées des arbres. « Le religieux bien fatigué, dit une tradition locale, s'assied sur le rivage, secoua la boue de ses chaussures et en forma le mamelon sur lequel est construite la ville de Saint-Valery. »

Une épaisse forêt descendait jusque sur les grèves de la mer. Gualaric jugea cet endroit convenable à ses desseins. Il avait obtenu du roi des Francs Clotaire II, la permission d'établir sa demeure en tout endroit de son royaume où il lui plairait d'habiter; il lui fit savoir qu'il choisissait le mont Leuconaus.

[1] *Histoire ecclésiastique d'Abbeville,* par le père Ignace, page 464.

Sa réputation de sainteté et sa vie édifiante ne tardèrent pas d'être connues : quelques fidèles vinrent près de lui pour vivre de sa vie et se nourrir de ses pieux exemples. Ils construisirent leurs cellules près de la sienne, à l'extrémité de la forêt, sur le bord d'un précipice dont le pied baignait dans la mer.

Saint Berchund n'avait pu qu'approuver la détermination de Gualaric de vivre au milieu d'un pays d'où le paganisme était si difficile à extirper et d'y prêcher la foi; il fit le voyage de Leuconaus pour y visiter le saint homme et on dit qu'il fut si enchanté de cette sombre retraite sur le bord de la mer, qu'il y revint ensuite chaque année pendant le carême, pour s'y livrer entièrement à la contemplation et à la prière. Le père Ignace ajoute même que le roi Dagobert, pour l'honneur qu'il portait à Gualaric, lui bâtit un ermitage en l'an 643. Il semble plus certain qu'il lui confirma la possession du mont Leuconaus et de ses dépendances et qu'il assura la subsistance des pieux anachorètes. Telle fut, assure-t-on, l'origine de l'abbaye de Saint-Valery.

C'est alors sans doute que s'effaça le nom de Leak-Ness ou Leuconaus, signifiant *rivage pointu*, qui était donné à tout le mamelon formant promontoire sur la mer. Le langage se modifiant par les envahissements successifs des hommes du Nord, Leak-Ness désignant l'ensemble du territoire et principalement l'extrémité pointue du rivage, fut traduit par les arrivants en *Korne* pointe, dont nous avons fait Cap-Cornu.'

Le pays, comme nous l'avons dit plus haut, était habité par des hommes encore livrés aux pratiques de l'idolâtrie. Galaric, ou plutôt Valery ainsi modifié par l'euphonie, en fut profondément affligé, il voulut les voir pour leur parler de Dieu et leur inspirer l'amour de la vérité. Il fut écouté avec plaisir. Ceux qu'il convertit et qui l'admirèrent, vinrent habiter près de lui, afin de jouir de sa vue et de profiter des bénédictions qu'il répandait autour de lui. C'est ainsi que se fonda près de l'homme de Dieu, une ville qui prit son nom et devint *Saint-Valery*[1]. Ce ne fut d'abord qu'une simple agglomération de cabanes entourant celles des religieux. Leurs habitants défrichèrent les bois, cultivèrent la terre ou se firent pêcheurs, car la rivière de Somme, qui passait au bas de la falaise et au pied du Cap-Cornu, était extrêmement poissonneuse.

Coquart rapporte la fondation de cette ville en l'an 614, le roi Thierry régnant[2].

Valery ne resta point continuellement dans la re-

---

[1] D'après les savants frères Scevole et Louis de Sainte-Marthe, ce nom ne lui fut donné qu'au dixième siècle, c'est-à-dire trois siècles après la mort de Saint-Valery. (*Gallia Christ*, tome X, eccl., ambiamensis.)

[2] *Sancti Valerici pervenit ad locum qui dicitur Augusta juxta Auvæ fluvium..... et juxta ripam ipsius fluminis stirps erat magnus, diversis imaginibus figuratus, atque ibi in terram magna virtute immissus, qui nimio cultu, more gentilium, a rusticis colebatur.*

traite qu'il s'était choisie. L'amour des conversions l'entraînait loin de son domicile où il y avait des idolâtres. On dit qu'il porta ses prédications très loin et qu'on a retrouvé ses traces jusque sur les bords de la Seine.

On raconte que passant à *Aouts* près d'Eu il aperçut dans ce village, un de ces arbres chargé de diverses figures d'idoles tels que Berchund en avait rencontrés[1]. Aidé du moine Valdolène[2] qui l'accompagnait, il renversa cet arbre. Les villageois exaspérés par cette violation de l'objet de leur culte, accoururent en foule et voulurent se jeter sur le saint homme. Mais celui-ci, par un autre miracle plus surprenant, dit Don Grenier, les calma tout-à-coup et les rendit chrétiens. Il paraît qu'au moment où ils allaient le mettre à mort, il s'écria : « Si Dieu veut que je meure, que sa volonté soit faite! » Un si grand calme dans ce péril imminent, produisit une vive impression sur l'esprit de ces hommes brutes; ils écoutèrent peu à peu les exortations du saint et voulurent l'adorer. Valery resta quelques jours parmi eux et ne les quitta qu'après que le triomphe du christianisme parmi eux fut assuré.

Plusieurs auteurs ont prétendu que cet endroit était Ault. D'autres, et parmi eux Don Grenier, assurent que c'était Augusta (Oust-Marest), village du Vimeu sur la rive droite de la Bresle. Peu de temps

---

[1] *Revue de Rouen*. 5 mai 1842.
[2] *Guadolenus*. Act. Sanct. Bénéd.

après cette aventure, les habitants du pays bâtirent eux-mêmes une église en l'honneur de Valery.

D'autres églises lui furent également dédiées à Graincourt, au mont Jolibois, à Saint-Valery-en-Caux, à Fécamp. Dans toutes ces localités on donne encore au baptême le nom de Valery[1].

Valery n'était pas un homme ordinaire. Sa mission témoigne de son courage, ses conversions font foi de son éloquence. Il arrachait les hommes à l'erreur et répandait parmi eux l'instruction pour les maintenir dans la pratique du bien. Il avait ouvert, dans son monastère de Leuconaus, des écoles pour la jeunesse du pays et il voulait qu'on y usât plutôt de douceur envers les enfants que de châtiments et de manières dures et impérieuses[2].

Les légendaires racontent de lui plusieurs autres aventures. M. Guizot voulant donner un exemple de la grossièreté des mœurs de cette époque, emprunte à la vie de Saint-Valery le passage suivant :

« Comme cet ami de Dieu revenait à pied d'un certain lieu dit Cayeux, à son monastère, dans la saison d'hiver, il arriva qu'à cause de l'excessive rigueur du froid, il s'arrêta pour se chauffer..... dans la demeure d'un certain prêtre. Celui-ci et ses compagnons, qui auraient dû traiter avec grand respect un tel hôte, commencèrent au contraire à tenir audacieusement, avec le juge du lieu, des

---

[1] *Revue de Rouen*, 5 mai 1842, page 228.
[2] *Histoire littéraire*. Tome III, page 440.

propos inconvenants et deshonnêtes. Fidèle à sa coutume de poser toujours, sur les plaies corrompues et hideuses, le salutaire remède de la parole divine, il essaya de les réprimer, disant : « Mes fils, n'avez-vous pas vu dans l'Evangile qu'au jour du jugement nous aurons à rendre compte de toute parole vaine? » Mais eux méprisant son avertissement, s'abandonnèrent de plus en plus à des propos grossiers et impudiques, car la bouche parle de l'abondance du cœur. Pour lui alors, secouant la poussière de ses souliers, il dit : « J'ai voulu, à cause du froid, chauffer un peu à votre feu mon corps fatigué; mais vos coupables discours me forcent à m'éloigner tout glacé encore, » et il sortit de la maison [1].

Un jour passant à Gamaches, où le comte Sigobard présidait le *mallum*, assemblée des hommes libres où l'offenseur sur l'assignation de l'offensé, paraissait devant ses juges, Valery aperçut de loin un condamné qui venait d'être accroché au chevalet. Il se dirigea vers l'instrument du supplice, et, malgré l'opposition du bourreau, il s'empara du cadavre, l'étendit sur la terre, posa sa face sur sa face, et le ressuscita. Mais le juge irrité ordonna de nouveau de suspendre le condamné au gibet. « Tu persistes donc, s'écrie alors Saint-Valery, à tuer celui que la puissance de Dieu a sauvé; mais à

---

[1] *Cours d'histoire moderne*, par M. Guizot, tome II, page 165.

moins que tu ne me fasses mourir avec lui, tu ne l'arracheras pas de mes mains. Si tu dédaignes de m'entendre, moi qui ne suis qu'un faible serviteur du Christ; sache que le créateur du monde est partout et qu'il ne méprise point ceux qui l'invoquent. » Ces paroles courageuses effrayèrent le juge, et il ordonna de délivrer le coupable qui depuis vécut longtemps [1].

M. Louandre, dans son *Histoire d'Abbeville*, rapporte des légendes miraculeuses attribuées au saint et qui doivent trouver leur place ici. « Il y avait tant de douceur et de bonté dans l'âme de Saint-Valery, dit-il, que les petits oiseaux venaient souvent sans crainte prendre leur nourriture dans le creux de sa main. Ils oubliaient leur caractère sauvage et se laissaient caresser doucement. Les moines, en s'approchant de l'abbé, s'étonnaient de voir tant d'oiseaux l'entourer en volant : « Mes enfants, leur disait Saint-Valery, ne leur faisons pas de mal; mais laissons les se rassasier de nos miettes. » Quand les frères s'étaient éloignés, les oiseaux revenaient aussitôt, pressés comme un nuage; le saint les laissait, comme de coutume, manger dans sa main, et, après leur avoir donné une abondante pâture, il les renvoyait dans leur nid [2]. »

On peut lire dans l'histoire du saint, et un peu

---

1 *Histoire d'Abbeville*. Louandre, tome I, page .
2 *Ibid*.

dans l'ouvrage de M. Louandre, les actes miraculeux qui illustrèrent sa réputation. Nous ne dirons rien du merveilleux qui s'attache aussi à quelques actes de sa vie : on trouvera ces faits racontés dans les légendes du saint. C'est l'histoire de la ville plutôt que l'histoire du fondateur que nous voulons raconter.

Une vie si bien remplie devait avoir une fin peu commune. Saint-Valery usé par le jeune, l'extase et les travaux apostoliques, se dirigea un jour vers un arbre entouré de ronces, au pied duquel il avait coutume de faire ses prières, et fixant deux bâtons dans la terre, il désigna une place de la longueur de son corps et dit à ses disciples qu'il avait engagés à le suivre : « Lorsque par la volonté de Dieu je m'exilerai de ce monde, c'est là qu'il faudra m'ensevelir. » Le dimanche suivant il mourut et sa volonté fut exaucée. Ce fut l'évêque Berchund qui vint lui-même procéder à l'inhumation de l'homme dont le nom allait être impérissable dans les contrées où il avait si bien vécu.

Le roi Dagobert, dit le père Ignace, à l'invitation de son père Clotaire, ayma toujours ce grand saint, et pour tesmoigner sa bienveillance par effect, l'an 636, il donna aux religieux de Saint-Valery, sa terre de Ratier-Ville (*Rathery-Villa*) avec ses dépendances pour les faveurs qu'il avait reçues [1]. «

---

[1] *Histoire ecclésiastique d'Abbeville*, par le père Ignace, page 464.

Les louanges de Saint-Valery ont été célébrées en vers latins par Adrien Blondin, prieur de l'abbaye de Saint-Valery. En voici le titre : Versus panegyrici in laudem et gloriam S S Æternitatis candidatorum Walarici, Blithmundi, Vulganci, Sevoldi et Riohberti, quorum reliquiœ in regio S. Walarici, monasterio Servantur, per dominum Adrianum Blondin, etc. Rothomagi, le Boulanger, 1554, in-4°.

III

Après la mort de Saint-Valery, ses disciples se dispersèrent de divers côtés. Plusieurs des fidèles que sa vie avait édifiés vinrent prier sur son tombeau et le bruit se répandit bientôt que la grâce de Dieu y opérait des miracles. Blimond natif des bords de l'Oise, qui avait été compagnon des travaux apostoliques de Saint-Valery et qui habitait le monastère de Bobio en Lombardie, fit exprès le voyage pour venir visiter cette tombe déjà célèbre. Il fut fort surpris de trouver Leuconaus et les environs replongés dans le paganisme. Profondément affligé de ce malheur, il conçut le projet de continuer l'œuvre de son vertueux maître, et d'y fonder un établissement dont l'importance exercerait une influence directe sur l'esprit religieux de cette sauvage contrée. Blimont s'adressa à l'évêque Berchund et obtint du roi Clotaire, la permission de construire une abbaye près du tombeau de Saint-Valery et d'y réunir des religieux pour perpétuer la gloire de son nom.

Les architectes se mirent à l'œuvre. Blimond

avait invité les fidèles à participer de leurs aumônes à cette édification : il lui en vint, dit le père Ignace, de tout ceux qui « étaient attirés à Saint-Valery » pour les grands miracles que Dieu opérait par » les mérites de son fidèle serviteur. » Et pour affirmer la vérité des miracles qui s'y opéraient, il ajoute : « On y voit encore des guérisons notables » de ceux qui ont perdu l'esprit, quand ils font une » neufvaine dans la cellule où il rendit son esprit » à Dieu [1]. »

Saint-Blimond ayant fait bâtir l'église et le monastère, le roi l'éleva à la dignité d'abbé, et un nombreux chapître, qui prit pour ordre la règle de Saint-Benoit, contribua à donner un grand éclat à cette abbaye dont la renommée s'étendit bientôt très loin.

Saint-Blimond mourut et les habitants du pays lui dédièrent une église qui fut édifiée à deux lieues de Saint-Valery au village qui porte encore aujourd'hui son nom.

Raimbert, l'un des abbés du monastère qui succéda à Saint-Blimont, recueillit dans un manuscrit la vie du saint, qu'il avait pu connaître ou dont les actes avaient dû lui être révélés par ses disciples. C'est le document le plus authentique que l'on ait eu de la vie de Saint-Valery.

Les bénédictins défrichaient les bois qui entou-

[1] *Histoire ecclésiastique d'Abbeville*, par le père Ignace, page 463.

raient l'abbaye. Le pays s'assainissait; la population s'augmentait, et l'entourage de l'abbaye formait déjà une ville considérable à laquelle le havre de la rivière de Somme donnait une grande importance.

Sept ans après la mort de Saint-Blimont, Saint-Condède, prêtre, aborda d'Angleterre à Saint-Valery, *in loco qui vocatur fontana Walarici*[1]. Ce débarquement indique une navigation autre que celle de la pêche; c'était un transport de passagers, un mouvement de voyageurs; donc déjà à cette époque, c'est-à-dire vers 670, il existait des relations de commerce entre Saint-Valery et l'Angleterre.

Condède se retira dans les bois auprès du monastère pour y vivre en ermite. On croit que ce fut à Boismont ou à Gouy.

Mais déjà avaient paru sur les côtes de la Somme des essaims de barbares qui, sous le nom de Normands[2], allaient couvrir le pays d'un funèbre voile de deuil; les habitants de Saint-Valery et de l'abbaye furent consternés; ces brigands, qui pénétraient dans la Somme sur de petites barques, étaient de la même race primitive que les Francs; ils parlaient même un langage intelligible pour les vainqueurs des romains, mais cet indice d'une ancienne confraternité ne pouvait préserver le Franc de leurs coups : ce qu'ils détestaient, c'était le nouveau culte;

---

1 V. acta S. S. ord. s. Bénéd. tome II, page 826.

2 *Qui vocabant normannos, quod tantum sonat quantum homines septentrionales :* (the nordhen mend eller then norden hœr) *ex eo quod ab illâ parte mundi venerunt.* LANGEBECK, tome II, page 14.

ils ne pouvaient souffrir la religion chrétienne et pour le prouver ils mettaient leurs délices à verser le sang des prêtres et à piller les richesses des églises. Ils entraient dans la baie de Somme avec la marée, descendaient sur tous les points abordables et se portaient de là partout où il y avait à incendier et à piller. La ville de Saint-Valery et son monastère furent renversés et détruits de fond en comble; le mont *Leuk-Ness* ou peut-être déjà *Mont-Cornu* ou Cap-Cornu, redevint désert; les broussailles crurent sur le tombeau de Saint-Valery; les barques des pêcheurs étaient coulées à fond. S'il restait quelque habitant de ces parages désolés, il vivait réfugié au fond des bois et n'osait reparaître dans les lieux où il avait éprouvé de si cruelles vicissitudes.

Ces attaques répétées appauvrirent la contrée; personne n'osait relever les ruines de l'abbaye, de crainte d'y attirer encore les *fléaux de Dieu;* aucun des successeurs de Clovis n'était assez fort pour s'opposer à ces invasions. Cet état de barbarie dura un siècle. Les Normands qui ne trouvaient plus rien à brûler, rien à emporter, ne paraissaient plus que de temps à autre.

Mais Charlemagne en étendant ses conquêtes sur tous les points de l'Europe, ramena la richesse et l'abondance dans son Empire : les monastères se relevèrent de leurs ruines, les marchands revinrent s'établir dans les villes. Les Normands soi par vengeance contre l'Empereur qui avait poussé ses conquêtes jusque dans leur pays, soit par rapacité, reparurent sur les côtes et firent de nouvelles descentes. Charlemagne dont l'activité veillait à tout, établit un système de défense du littoral et y commit des officiers pour les diriger. Le gouvernement militaire des côtes du Ponthieu fut confié à son gendre Angilbert, comte, abbé de Saint-Riquier, dont la vaillance repoussa plusieurs fois les barbares. Il avait organisé un moyen de défendre les côtes et les rivières en armant de grands bateaux plats qui barraient les passages : il y en avait ainsi dans la Somme en avant de Saint-Valery et du Crotoy, et dans la Bresle.

Les moines revinrent alors réédifier l'abbaye de Saint-Valery ; les pêcheurs osèrent de nouveau se livrer à leur industrie. La ville de Saint-Valery renaissait peu à peu de ses cendres ; les pèlerins y affluaient de nouveau, et les pieuses offrandes enrichissaient le monastère.

Les soins de Charlemagne et l'activité d'Angilbert avaient suffi pour préserver l'abbaye de Saint-Valery de l'attaque des Normands ; mais après la mort du grand Empereur, la division qui se mit parmi ses successeurs, rendit le courage aux forbans, ils reparurent menaçants et envahirent de nouveau les provinces maritimes. Louis-le-Débonnaire voulant imiter son père, fit une tournée sur les côtes, donna des ordres pour qu'une active surveillance fût exercée ; puis, en 817, il vint à Saint-

Valery, s'arrêta sur le tombeau de Saint-Valery, et après y avoir fait de riches offrandes, il repartit plein de vénération pour la mémoire du saint.

Mais la main impériale n'était plus là. Plusieurs descentes opérées dans la baie de Somme effrayèrent les moines ; ils s'empressèrent de mettre leurs richesses à l'abri du pillage. Les abbayes de Saint-Josse-sur-Mer et de Saint-Saulve de Montreuil venaient d'être ravagées et brûlées; les abbés de Saint-Valery enlevèrent le corps de leur saint patron et le cachèrent dans les bois. Peu de temps après, en effet, le 6 janvier 859, Weland, chef des Normands, fondit sur Saint-Valery, massacra les habitants, qui refusaient de livrer leur argent, et mit le feu à la ville.

Pendant plus de trente ans, ce ne furent que des ravages incessants : en 881, une bande considérable de ces pirates débarqua sur les côtes de la Somme, sous la conduite de leur konong, nommé Garamond. Tout fuyait à leur approche; l'incendie éclairait leur marche et la stérilité marquait leur passage. Louis III, roi de France, qui se trouvait en Dauphiné avec son frère Carloman, apprend la nouvelle de ces désastres. Il part immédiatement pour venir en Picardie arrêter la marche de ces terribles étrangers. Les Normands qui avaient pillé l'abbaye de Saint-Valery et incendié la ville, s'éloignaient gorgés de butin et se dirigeaient sur Eu. Louis III, éclairé sur leur marche, arrive près de Franleu, au moment où la bande de pillards paraissait sur les hauteurs, entre la Croix-au-Bailly et Friaucourt; il les attaqua et les força à retrograder par la ligne qui est encore appelée *le champ des batailles*, et les joignit entre Fressenneville et Saucourt[1]. Sans leur donner le temps de se reconnaître, il donna le signal du combat : ce signal était le *Kyrie Eleïson!* répété immédiatement par vingt mille voix; charge formidable qui étonna les ennemis et les remplit de terreur.

— Seigneur, ayez pitié de nous! s'écria le roi de France en tombant sur les Normands.

— Kyrie eleïson! Kyrie eleïson! répétèrent les masses en le suivant.

La bataille était engagée. Les Normands un moment intimidés par cette attaque impétueuse, reprirent cependant leur assurance et résistèrent au choc. Pendant un instant le succès sembla devoir être de leur côté; les Français, moins nombreux et fatigués par une marche précipitée, allaient plier. Louis III qui n'était âgé que de vingt-deux ans, mais qui pourtant avait une grande bravoure, vit le danger, il se porta où le péril était plus grand, repoussa l'ennemi et décida bientôt du gain de la bataille; les Normands furent taillés en pièces. On dit qu'il en resta neuf milles sur le champ du combat. Garamond était du nombre : on assure qu'il reçut la mort de la main du jeune roi de France.

[1] *In pago vimintaco, in loco qui vocatur sodalchurch.* (Annales de Fuld et de Réginon, année 883.)

Garamond fut enterré à Vignacourt.

Les soldats de Louis III célébrèrent leur victoire par un chant rimé, dont voici la première strophe en langue tudesque :

> Linen Kuning weiz ich,
> Hesset herr Ludwig,
> Der gerne Gott dienett,
> Weir er ihms lohnet.
> Kind wart ort waterlos,
> Dess wart ihme sehr bos,
> Holoda nan Truhtin;
> Magaczoga warth Ler sin [1].

Ce chant, en langue tudesque ou théodisque telle qu'on la parlait dans toute la Picardie, en Flandre et en Belgique, était encore populaire dans le Vimeu

---

[1] *Schiller,* tom II. En voici la traduction de Mabillon :
Je sais un roi qui s'appelle le seigneur Louis. Il sert volontiers Dieu, qui l'en récompense. Enfant, il fut orphelin, ce qui lui était très funeste. Mais Dieu le recueillit et fut son tuteur.
— Louis, mon bon roi porte secours à mon peuple, que les Normands ont si durement opprimé. — Alors Louis répondit : Mon Dieu, j'obéirai à tes ordres, et dussé-je périr, ta sainte volonté sera faite.
En attendant l'heure de sa vengeance, il rendit grâce au ciel et s'écria : Seigneur, marche avec nous, car depuis longtemps nous implorons ton aide.
Et ensuite il dit, en s'adressant à ses soldats :
— Frères d'armes, vous tous qui partagez mes périls, que votre âme soit ferme et forte.
C'est Dieu qui m'a envoyé parmi vous, pour recueillir votre avis et vous conduire à la bataille. Puisse ce Dieu vous être favorable !
Je n'épargnerai pas mon sang pour vous faire libres; mais il faut que tous ceux qui sont fidèles à Dieu me suivent avec confiance. C'est la volonté suprême du Christ, qui règle la durée de nos jours; c'est lui qui garde nos os, qui défend notre tombe.
Celui qui fera joyeusement la volonté de Dieu, sortira sans blessure de la bataille, et je le récompenserai.
Celui qui mourra dans le combat sera récompensé dans sa famille

et en Normandie, vers l'an 1100 [1]. Le clergé, les administrateurs, les officiers publics parlaient un mauvais latin. C'est de ce mélange avec la langue romane que se forma le picard et même le français du moyen âge.

Louis III repartit trop vite du pays où la présence de forces imposantes aurait été nécessaire. Il était à peine éloigné, que d'autres bandes reparurent sur les rives de la Somme. Louis était mort, son frère Carloman, resté seul sur le trône, vint visiter ces contrées si rudement et si fréquemment ravagées : on dit qu'il séjourna à Miannay et que de là il organisa les moyens de défense au passage de la Somme. Mais ces préparatifs furent vains, les Normands passèrent peu après à Lavier, surprirent le camp français et mirent l'armée en fuite; puis ils recommencèrent leurs dévastations dans le Vimeu. De

---

Il dit et saisit son écu et sa lance, et pressa les pas de son destrier.

Car, en vérité, il était fermement résolu de punir les ennemis d'une manière terrible, et il n'était plus séparé des Normands que par un faible intervalle.

Dieu soit loué, disait-il, car il se voyait au comble de ses vœux, et s'avançant audacieusement en avant de son armée, il entonna un cantique à haute voix.

Et tous chantaient avec lui : *Kyrie eleison!* Et quand le cantique fut terminé, la bataille commença.

Le sang monta aux joues des Francs, qui bondissaient de colère. Chaque soldat prit largement sa part de vengeance, mais aucun n'égala Louis.

Il était né leste et brave : il renversa l'un et perça l'autre.

Il versa à un grand nombre de ses amis une amère boisson, et beaucoup sortirent de la vie.

Bénie soit la sagesse de Dieu : Louis remporta la victoire; il faut dire des actions de grâce à tous les saints.

[1] Hariulf. *Chronic. centulense, spicil.* d'Acheri, tom IV, p. 423.

880 à 900, pendant dix ans, on resta à peine six mois sans les voir; la mort et le deuil étaient partout dans le malheureux pays de Picardie.

Les seigneurs de Saint-Valery profitèrent de cette circonstance pour s'ériger en défenseurs de l'abbaye; ils prêtaient serment devant l'autel et disaient : *nous jurons de lui être aideur contre tous, excepté nos hommes liges*, mais cette protection était bien souvent inefficace. Une bande de ces pillards après avoir désolé tout le pays s'y établit et fit de là ses excursions dans tous les cantons environnants. On ne sait sur quels points ils habitaient. En 860, Charles-le-Chauve leur avait payé 5,000 livres d'argent (2,815,000) pour les obliger à se retirer; c'était une habitude prise : des taxes publiques étaient depuis longtemps établies pour acquitter les rançons exigés par ces terribles aventuriers [1].

La qualité d'avoué, mot fait du latin *advocatus*, préposé, représentant, comme le témoigne Ducange, obligeait le titulaire à diriger l'administration des biens de l'abbaye, à défendre ses causes lorsqu'elle était attaquée, à rendre la justice à ses vassaux et même au besoin à défendre ses intérêts les armes à la main. Hugues-Capet en créant ce grade, dont l'origine en France remontait à l'établissement de la monarchie, avait surtout en vue de réprimer les spoliations qui s'exerçaient par certains abbés; mais

---

[1] *Rex, suorum concilio exactionem pecuniæ collatitiæ fieri exactoribus indixit*, anno 924 (Richer, liv. 1, chap. 48).

nous verrons plus loin que les seigneurs de Saint-Valery ne furent pas toujours exempts de blâme, et qu'ils profitèrent de la position qui leur était donnée, pour opprimer les ecclésiastiques et usurper les propriétés qu'ils s'étaient engagés à défendre.

Du reste, les avoués de l'abbaye de Saint-Valery ne furent pas les seuls coupables : on peut lire Ducange, Hallam, Muratori, Vaistelle, Labédollière pour se convaincre que les spoliations furent générales, ainsi que le prouvent d'ailleurs les décisions fulminées contre les avoués par les conciles.

La ville et l'abbaye de Saint-Valery étaient dans un piteux état. C'était un amas de ruines fumantes d'où se relevaient quelques cabanes, aussitôt qu'un peu de calme venait rendre le courage aux anciens habitants. Les moines de l'abbaye, plus occupés à se défendre qu'à prier, s'étaient bien relâchés de leur règle : ils avaient introduit parmi eux des chanoines dont la vie n'était pas exempte de reproches; les avoués ou défenseurs de l'abbaye songeaient plutôt à s'enrichir qu'à veiller aux intérêts de la communauté. Il en résulta une désorganisation complète qui fit perdre à l'abbaye la réputation de sainteté qu'elle s'était acquise et qui lui avait conquis une glorieuse célébrité.

Arnould le Pieux, comte de Flandre, qui avait la manie de s'emparer bon gré et mal gré de toutes les reliques à sa convenance, était alors en guerre avec Herluin, comte de Ponthieu, et il venait de s'emparer de Montreuil, capitale du comté et résidence du comte. Un clerc de l'abbaye de Saint-Valery, d'autres disent un habitant séculier de la ville, fut trouver secrètement Arnould et lui proposa de lui livrer le corps du saint moyennant une somme d'argent qui lui serait payée. Arnould accéda à cette demande et se mit en marche, sous la conduite du traître. La ville de Saint-Valery qui n'était point sur la défensive, fut prise d'assaut, ses habitants passés par les armes et le monastère envahi. Arnould chargé des reliques dont il s'était emparé, retourna dans ses États, convaincu qu'il venait de faire une riche conquête et que les faveurs du ciel lui étaient assurées.

Cet acte de piraterie passa inaperçu comme tant d'autres. Charles-le-Simple venait d'abandonner une de ses belles provinces aux Normands; son fils Louis d'Outre-mer pouvait bien laisser au comte de Flandre une relique. Les successeurs de ces rois n'avaient plus assez d'énergie pour mettre un frein aux déprédations qui se commettaient dans tout le royaume : la race carlovingienne s'éteignait dans la fainéantise.

Deux siècles s'étaient écoulés et l'abbaye, veuve de ses précieuses reliques, dépérissait. Les religieux, comme si l'absence du saint corps exerçait sur eux une fatale influence, n'avaient plus rien de l'austérité de leur ordre; la désolation était dans le pays.

A la mort du roi Louis V, le trône semblait devoir appartenir au duc de Lorraine, fils de Louis d'Outre-mer; mais celui-ci s'était aliéné l'amitié et l'estime des grands et du peuple que Hugues-Capet, comte de Paris et duc de France, s'était acquises dès longtemps; Hugues entrevoyait la possibilité de conquérir un trône; les circonstances le favorisèrent.

Les chroniqueurs racontent qu'une insurrection ayant éclaté dans une contrée du Vimeu, le duc de France fut chargé de la réprimer et qu'à la suite d'un combat dans lequel il avait éprouvé beaucoup de fatigues, il s'endormit dans une grotte ou plutôt dans une forêt. Deux personnages vêtus de robes blanches lui apparurent alors.

— Qui êtes-vous? s'écria le duc effrayé de cette apparition, je ne vous connais pas? que venez-vous faire en ce lieu?

— Je suis l'abbé de Saint-Valery, dit l'un des fantômes; avant de mourir je restais sur les bords de la mer. Il y a deux cent dix-sept ans que je suis descendu dans la tombe; mes os et ceux de Saint-Riquier ici présent avec moi, ont été ravis à leur tombe et maintenant ils sont captifs sur une terre étrangère; mais le temps est venu où ils doivent être réintégrés dans les lieux où nous avons vécus. Le peuple qui nous a été confié se réjouira de notre retour, car il est désolé de notre absence. Quand Dieu m'aura déposé dans mon ancienne tombe, je vous prédis que vous deviendrez roi et que votre race portera la couronne pendant plus de sept siècles. Pour vous convaincre que je dis la vérité, allez jusqu'à Montreuil, vous savez que cette ville est au pouvoir du comte de Flandre. Redemandez-lui mes reliques; s'il refuse, reprenez-les de force et réintégrez-les à leur patrie. Vous réussirez, je le sais. Alors, quand vous m'aurez déposé dans mon église, vous en chasserez les clercs et les moines qui la profanent et vous les remplacerez par de plus dignes. Hâtez-vous, car je vous prédis que vous deviendrez roi et que la royauté se perpétuera dans votre famille. Et pour que vous ne doutiez point de la vérité de mes paroles, ajouta l'apparition, présentez-vous devant la ville de Montreuil et je vous réponds que vous y entrerez sans perdre un seul de vos soldats [1].

Hugues plein de confiance dans cette vision, et en ces paroles, partit aussitôt pour Montreuil dont en effet il se rendit maître. Sûr alors du succès de son entreprise, il envoya un message au comte Arnould, pour l'inviter à lui rendre les corps de Saint-Valery et de Saint-Ricquier dont il s'était emparé par surprise. Arnould refusa; répliquant que si Hugues-Capet les voulait, il n'avait qu'à venir les reprendre. Hugues ne s'étonna point de cette

---

[1] Germain Poirier démontre que la vision de Hugues-Capet est une pieuse fraude. Ingelvan, abbé de Saint-Ricquier, qui a écrit l'histoire de la translation de Saint-Valery, ne parle ni de la vision, ni de la prophétie. (*Mémoires de l'Académie des inscriptions et belles lettres*, tom. 50, année 1808.)

menace; il rassembla une nombreuse armée et se dirigea vers les Etats du comte de Flandre. Arnould, effrayé, s'abandonna à la douleur, car, dit une légende, il vit dans cette attaque une manifestation de la volonté du Seigneur. Il envoya des députés au-devant d'Hugues, l'invitant à ne commettre aucun dégât et lui assurant que les deux corps saints lui seraient rendus.

A la vue de ces précieuses reliques, le duc de France pleura d'attendrissement et de joie, il se prosterna ainsi que son armée, et rendit grâce à Dieu de l'heureux succès de son entreprise. Les Flamands, consternés, retournèrent chez eux, et Hugues, suivi d'une foule immense qui chantait des hymnes au Seigneur, reprit la route de Saint-Valery.

Le père Ignace raconte très-naïvement ce fait dans son *Histoire Ecclésiastique* d'Abbeville; mais, d'après lui, Hugues-Capet ne fut point en personne à la conquête des reliques; il commit le comte Burcard pour le remplacer. « Le comte Burcard, dit-
» il, arrivant à Noyelles, au bord de la rivière de
» Somme et voulant passer, voilà qu'incontinent le
» flux de la mer s'enfle si hautement qu'il inonde
» tous les passages et oste la commodité de passer
» au comte et à tous ceux de sa suite. Mais Dieu
» voulait faire miracle, comme vous allez voir. »

« Le comte Burcard qui portait sur ses épaules
» avec un autre comte, la chasse où estaient les

» saintes reliques, remply de vive foy, faisant
» mettre tous ses gens en prières, s'adresse à Dieu,
» et devant toute sa compagnie, dit tout haut :
» *Seigneur Jésus-Christ, si ta volonté miséricordieuse*
» *est que le corps de ton saint soit rendu à son propre*
» *monastère, que ta clémente bonté ordonne que pour*
» *nous le fleuve se sépare en deux, et ne refuse pas*
» *à nous donner un passage, afin que ce peuple sou-*
» *mis à ton nom, puisse d'un cœur dévot, et dans un*
» *transport de joie, rendre à ta gloire et à l'honneur*
» *de ce saint, le tribut de ses louanges.* »

« Chose admirable, ajoute le père Ignace, à la
» voix de ce généreux comte Burcard et par les
» mérites de Saint-Valery, Notre-Seigneur ayant
» exaucé ses prières, l'eau se divisa en deux si à
» propos, que ceux qui portaient ce saint corps, et
» tout le peuple qui suivait, jouissant d'une liberté
» triomphante, passèrent à pied sec ce large trajet
» d'eau qui est entre l'une et l'autre rive, lorsque
» la mer est venue, louant et bénissant Dieu avec
» grande joye, d'avoir passé ce détroit sans danger:
» et ainsi le corps de Saint-Valery fut remis hono-
» rablement dans son église, où on voit encore ce
» miracle dépeint dans un tableau, qui est à côté
» du chœur[1]. »

Ce tableau qui existe encore dans la chapelle de
Saint-Valery, porte :

---

[1] *Histoire Ecclésiastique d'Abbeville*, père Ignace, page 68.

> Voyez Hugues-le-Grand, conducteur d'une armée,
> Pour dégager ses os par les foudres de Mars,
> Qui ne s'étonnerait ! La mer inanimée
> Leur fait la révérence et se fend en deux parts.
>
> Saint-Valery sachant de Hugues la vaillance,
> Pour retirer son corps que la Flandre détient,
> Il promet à ses hoirs la couronne de France
> Qui dans Louis-le-Juste encore se maintient.

D'après le père Ignace encore, Saint-Riquier et Saint-Valery n'apparurent en vision à Hugues-Capet qu'après la rentrée des corps et pour le remercier et lui promettre la couronne de France et à *ses héritiers à perpétuité*, en récompense du service qu'il leur avait rendu de restituer leurs corps en leurs abbayes. « Oh ! qu'il fait bon servir les saints ! » ajoute-t-il. La mer demeurant immobile et sans flots, *ils passèrent à pied sec à la blanque taque*[1].

C'est ainsi que Hugues-Capet rendit le corps de Saint-Valery à son église.

Le comte Burcard donna aux religieux de Saint-Valery les terres de Héru, Quent et Monceaux et encore plusieurs droits à Hélicourt et en la ville d'Abbeville. Le titre de cette donation est datée : *anno secundo regne Roberti regis*. Et à l'endroit des signatures on lit : *signum Roberti regis, signum Burcardi comitis, qui hanc cartain fieri iussit*.

---

[1] *Histoire Ecclésiastique d'Abbeville*, père Ignace, page 446.

Quant au fait du passage de la mer à Noyelles, il n'a rien d'extraordinaire : c'est sur cette commune que se trouve le gué de Blanquetaque. Le cortège arrivant à Noyelles lorsque la mer était haute, il lui suffit d'attendre que le reflux fût opéré pour effectuer le passage à pied, sans le secours d'aucune embarcation.

Hugues-Capet étant monté sur le trône, se ressouvint qu'il avait fait vœu de reformer l'abbaye de Saint-Valery; il y envoya des religieux de Saint-Lucien de Beauvais et leur donna pour abbé Restoulde qui rétablit la règle sévère de Saint-Blimond. Il fit ensuite fortifier une petite île de la Somme située plus haut près d'un hable très fréquenté et à portée de l'abbaye de Centule, et il lui donna le titre de protecteur ou d'avoué de Saint-Riquier. Mais celui-ci ayant épousé la veuve du comte de Boulogne tué dans une bataille, prit le titre de comte de Ponthieu qui, depuis Angilbert, avait appartenu aux abbés de Saint-Riquier. Ce lieu fut nommé *Hableville*, du hable sur lequel il était situé, ou bien *Abbeville*, de l'abbaye dont il était une dépendance.

IV

On ne sait positivement à quelle époque remonte la création du comté de Saint-Valery, ni en faveur de qui il fut fondé. Selon les mémoires de Philippe de Commines, dit Coquart, les anciens seigneurs de Saint-Valery venaient de la maison d'Eu. Ce dont on est à peu près certain, c'est que le comté de Saint-Valery est l'un des plus anciens de la monarchie française et que ses titulaires se disaient *comtes par la grâce de Dieu*[1]. Il fut substitué au comté de Vimeu dont le territoire de Saint-Valery était une dépendance.

Les comtés étaient des portions de territoire plus ou moins étendues, comprenant quelquefois une province, ou bien restreintes à une seule ville avec

---

[1] On appela d'abord COMITES ceux qui accompagnaient les proconsuls et les propréteurs dans les provinces. Sous les Empereurs, on donna cette qualification à ceux qui les suivaient dans leurs voyages, et qui les aidaient de leurs conseils : ils étaient donc les compagnons du prince, et telle fut l'acception du mot COMES jusqu'au temps où Constantin en fit une dignité particulière. Ce titre devint si commun dans la suite qu'on l'étendit à tous les genres de services. (Glossaire de Ducange. *Verb. comes.*)

quelques terres circonvoisines. Les rois francs de la première race donnaient ces possessions à ceux de leurs serviteurs dont ils voulaient récompenser le zèle ou la valeur[1]. Le comté de Vimeu, *comitatus vilmacensis*, fut de ce nombre, mais on ignore quels en furent les premiers titulaires. On croit communément qu'il fut institué sous Charlemagne lorsqu'il organisa militairement les côtes de son Empire.

La résidence des comtes paraît avoir été à Vismes, château situé à la source d'une petite rivière qui se jette dans la Bresle.

M. Darsy qui s'est beaucoup occupé des antiquités du Vimeu, a étudié les ruines qui nous restent de ce domaine; il a reconnu un enclos où existait autrefois une maladrerie et les ruines d'un château-fort, aujourd'hui en partie couvertes de terre[2]. On y voit encore deux vieilles tours dont l'une tronquée, et des terrassements indiquant assez bien le périmètre de la construction.

Le comte avait une autorité très étendue. Il était, en même temps, juge, administrateur civil et commandant militaire. En cas de guerre, il armait un contingent formé des hommes valides de son comté

---

[1] Les anciens seigneurs et advoués de Saint-Vallery portoient d'azur freté d'or, semé de fleurs de lis de même. (*Mémoire pour l'histoire ecclésiastique et civile de Saint-Valery-sur-Somme.* Manus. en la possession de M. H. Manessier, sous-préfet de l'arrondissement d'Abbeville.)

[2] *Gamaches et ses Seigneurs*, page 117.

et le conduisait lui-même à la guerre. La juridiction du comté de Vimeu paraît s'être étendue de la Bresle à la Somme, et des bords de l'Océan à une ligne tirée entre les vallées de la Vismes et de la Trie.

On ne sait rien des faits et gestes des premiers comtes de Vimeu; l'histoire ne donne même pas leurs noms, et c'est avec beaucoup de peine que nous retrouverons quelques-uns de ceux qui habitèrent Saint-Valery. Avant 1790, on disait encore le *bourg du Vimeu*, pour désigner tout le pays qui avait fait partie du comté.

Les comtes ayant rendu leurs charges héréditaires, s'érigèrent en maîtres souverains des pays dont ils n'avaient été que les administrateurs amovibles et révocables. Ils se contentèrent d'abord d'en usurper la survivance pour leurs enfants, ensuite pour leurs collatéraux. Enfin, sous Hugues-Capet ils déclarèrent ces charges propriétés inaliénables de leur familles et Hugues n'obtint lui-même le trône qu'au prix de cette concession...

Assez longtemps avant cette époque, les comtes de Vimeu, jaloux de la puissance que les abbés de Saint-Valery acquéraient, firent construire un château-fort sur le promontoire, à peu de distance de l'abbaye.

Un mémoire manuscrit, écrit pour servir à l'histoire de Saint-Valery¹, dit cependant que du temps

---

1 *Mémoire pour l'histoire ecclésiastique et civile de Saint-Valery-sur-Somme.*

de Renaut de Saint-Valery qui vivait dans le douzième siècle, il n'y' avait point encore de château sur ce point. « Renaut, dit-il, reconnoissoit tenir un fief du roy Philippe-Auguste; saint Vallery, l'advouerie des terres de l'abbaye de Saint-Vallery, le château d'Ault, Domart et Bernardville : il aurait nommé dans son adveu le château de Saint-Vallery aussi bien que celuy d'Ault s'il y en eût un alors, d'autant plus que dans la suite, lorsqu'il a existé, il a esté nommé par un ancien escrivain : un chastel appartenant au Roy. »

Cette preuve nous parait bien faible d'autant plus que le même mémoire ajoute immédiatement : « Il est bien vrai que Renault qui vivait du temps de Lotaire, roi de France, s'explique ainsi dans l'histoire des miracles du saint : *Portus burgi obserati, claves in castrum meum aucludite.* » Nous croyons donc que le château de Saint-Valery existait avant l'avènement d'Hugues-Capet, et que le comte de Saint-Valery l'habitait, comme nous le verrons tout à l'heure, lors de la conquête de l'Angleterre par le duc de Normandie.

Dans ce temps aussi, la ville de Saint-Valery était à peine formée. L'auteur du mémoire dont nous venons de parler, dit qu'en l'an 800, les maisons étaient bâties au lieu où fut depuis l'abbaye. « On ne seait, ajoute-t-il, si dans le siècle suivant, c'est-à-dire le neufvième, il y en avait un assemblage assès considérable pour former un village ou un bourg. »

Dès le siècle suivant il paraît que la ville était mûrée et qu'elle avait des portes. Des négociants avaient alors bâti des maisons et des magasins sur le bord de l'eau afin de pouvoir être à portée des navires qui y venaient décharger leurs marchandises [1]. Ce lieu était entouré de murailles; c'était ce qu'alors on appelait *une ferté*, mot fait du latin *firmitates*, fermeté, d'où, par contraction, *ferté*, nom qui resta à la partie de la ville qui se trouvait placée sur le bord du chenal de la Somme, à un endroit très propice pour abriter les navires et y faire commodément les opérations de chargement et de déchargement.

Le commerce, malgré les nombreuses entraves qui contrariaient sa marche et la gêne toujours croissante des contributions et des péages, s'établissait à Saint-Valery et faisait arriver à son port les navires marchands des autres pays. Les habitants du Ponthieu, de la Champagne et de la Picardie étaient passionnés pour le luxe, pour la richesse des vêtements, pour la chasse; par le port de Saint-Valery, ils se procuraient des laines d'Espagne, des cuirs de Cordoue, des chiens de chasse d'Angleterre, de la verroterie de Venise. L'Angleterre leur fournissait aussi du blé, des cuirs, du plomb, des métaux; on venait s'embarquer à Saint-Valery pour l'Espagne, pour le Portugal, pour l'Angleterre et pour les Pays-Bas. La rade était des plus vastes et

[1] *Archives de la couronne,* carton 25.

des mieux abritées de la Manche. Saint-Valery était donc la localité la plus importante du Vimeu : ce devait être la capitale des seigneurs du pays.

Au dixième siècle, dit Noël de la Morinière, le port de Saint-Valery-sur-Somme était plus considérable que ceux d'Ambleteuse, d'Étaples et de Tréport, qui se livraient à la pêche : le voisinage du Crotoy et d'Abbeville, et les facilités que donnait la rivière de la Somme pour les transports des marchandises et denrées, y attiraient un grand commerce [1].

La pêche avait été le premier pas vers l'industrie de la navigation. Les bateaux pêcheurs, qui n'étaient d'abord que de simples barques ou caraques pour faire la pêche dans la rivière et dans la baie, se transformèrent peu à peu en des embarcations d'un plus fort gabarit; les pêcheurs s'aventurèrent en dehors de la pointe du Hourdel, et ils eurent des bateaux de 15 à 20 tonnes, espèces de caravelles nommées *hirondelles*. Quand venait la guerre, le seigneur ou le roi de France mettait en réquisition tous ces bateaux qui se trouvaient, par ce moyen, transformés en vaisseaux de guerre. C'est ainsi que Philippe-le-Bel put fournir une flotte de 1,800 voiles qui sortirent de tous les ports depuis la Seine jusqu'à Calais.

La pêche se fit en grand au port de Saint-Valery,

[1] *Histoire générale des pêches.* NOEL DE LA MORINIÈRE, tome I, page 320.

car les eaux de la Somme étaient, comme celles de la Manche, très poissonneuses. Les cétacés se montraient en vue des côtes et entraient quelquefois dans la baie. Les plies, les anguilles, les maquereaux se prenaient en abondance. C'est au dixième siècle que les marins de Saint-Valery commencèrent à faire la pêche du hareng. Des salines furent établies sur des terrains abandonnés par la mer entre Abbeville et Saint-Valery et entre Saint-Valery et Ault. On conserve encore la tradition de celles qui existaient à Saigneville et à Sallenelle, sur les terrains que la mer avait abandonnés et que les habitants endiguèrent pour y laisser déposer les eaux de la mer et en tirer du sel. Il y eut à Saint-Valery des ateliers de salaison. Nous verrons plus tard que les salaisons de Saint-Valery acquirent une grande réputation.

Saint-Valery était une résidence bien digne d'être la capitale du Vimeu. Les comtes le jugèrent ainsi : il y avait d'ailleurs, dans le commerce qui se faisait par le port de Saint-Valery, matière à établir des droits très avantageux, et ils ne manquèrent pas d'en tirer parti.

L'abbaye, depuis les derniers ravages des Normands, avait été reconstruite dans des proportions plus grandes : des pèlerins y venaient en grand nombre de toutes les parties du royaume, et les offrandes qu'ils faisaient au tombeau du saint, enrichissaient l'abbaye ainsi que la ville qui en dépendait.

Le château des comtes de Vimeu se dressait sur la crête de la falaise qui dominait l'entrée de la Somme. Tout navire qui abordait au port de Saint-Valery y devait un droit au seigneur, qui se payait à l'intendant du château. Ce manoir était certes mieux placé que dans le fond du vallon de la Vismes; aussi dès cette époque, est-il plus souvent parlé des comtes de Saint-Valery que des comtes de Vimeu. On croit que ce fut vers l'an 825 qu'ils commencèrent à venir habiter cette résidence.

Mais cette protection directe du seigneur n'était rien moins que vexatoire pour la population ; les redevances auxquelles elle obligeait, pesait sur les négociants qui, pour satisfaire à l'avidité et aux exigences du maître, étaient souvent dans la dure nécessité de contracter des emprunts, en s'engageant, faute de remboursement, à rester esclaves du prêteur ou à lui laisser quelques membres de leur misérable famille. Poussés à bout par ces exactions de leur protecteur, les habitants se coalisèrent plusieurs fois pour résister à ces injustes et ruineuses exigences.

Les comtes étendaient ainsi leur puissance et généralisaient le vasselage en ruinant la classe des propriétaires allodiaux : chaque jour ils accaparaient quelque portion de territoire, soit au détriment de leurs vassaux, soit en les saisissant de vive force sur leurs voisins.

Charlemagne ne vit point sans inquiétude le tort

que cette puissance des seigneurs pouvait causer à l'autorité souveraine. Il essaya d'y mettre un frein, et créa, pour cet effet, les *missi dominici* envoyés impériaux chargés de parcourir plusieurs fois par an la partie du territoire qui leur était confiée.

Les pouvoirs des *missi dominici* étaient très étendus. Ils faisaient annuellement le dénombrement des *Casati*, tant dans les bénéfices laïques que dans le monastère; ils nommaient, avec la participation du comte, les juges, les vidames, les prévôts, les avoués, les notaires, les échevins, et ils soumettaient ces nominations à la sanction du peuple. *Totius populi consensu*[1]. Ils faisaient surveiller le seigneur et ses subordonnés, remplacer les juges vénaux et corrompus et maintenaient la discipline ecclésiastique; ils faisaient poursuivre les voleurs, les homicides, les adultères, les enchanteurs, les devins, les sacrilèges « afin, dit Baluze, qu'avec l'aide de Dieu, ces crimes disparussent de la chrétienneté. » C'est ainsi que les *missi dominici* réclamaient du comte et des roturiers un serment de fidélité formulé en termes précis[2], ils entendaient les réclamations et étaient chargés d'y donner suite. Toutes les branches du service public se trouvèrent ainsi rattachées à l'autorité centrale.

Cette institution éminemment sage et utile, devait rendre de grands services à la civilisation. Le

---

[1] *Capit.* de 829, 873. Baluze, tom I, coll. 467, 1216.
[2] *Marculf.* Livre I, formule 40.

Vimeu eut pour missi dominici l'évêque Paul, l'évêque Hirmerad, Herloin, Hungarius [1]; puis sous les successeurs de Charlemagne, poursuivie par ceux qui profitaient des abus, l'institution se perdit.

La puissance des comtes du Vimeu s'était aussi accrue : au temps de Charlemagne, les terres de la seigneurie s'étendaient sur toute la rive gauche de la Somme et comprenaient les territoires de Cayeux, d'Ault, de Franleu jusqu'à Mons-Boubers; elles étaient placées sous les droits de haute justice de l'abbaye de Corbie; la moyenne et basse justice appartenait au marquis de Gamaches qui la faisait exercer par des officiers à sa nomination.

Un grand nombre de fiefs dépendaient de cette seigneurie : les possesseurs devaient au seigneur l'hommage de bouche et de main, *fœdus sit et dextræ copulantur;* les bourgeois de la ville étaient tenus de lui donner annuellement un septier d'avoine et un chapon.

Hugues-Capet qui eut, avant d'être roi de France, le titre de comte de Ponthieu, résida, dit-on, à Saint-Valery. On ne dit pas s'il eut le titre de seigneur de ce domaine; mais au temps du roi Lo-

---

[1] Les envoyés du prince sous le titre de *Missi dominici*, institués par Louis Ier, était une institution précieuse qui avoit pour objet de parcourir les provinces, d'y faire publier et exécuter les ordonnances, de recevoir les plaintes des opprimés, de mander les juges et d'y examiner leur conduite, de punir les comtes ou évêques. Les *Missi dominici* tenoient leurs assises dans le Ponthieu 4 fois l'an, en janvier, avril, juillet et octobre. Tout le monde y avoit accès libre et facile.

(*Note inédite de M.* DÉVÉRITÉ.)

thaire, vers l'an 960, un comte Renault résidait à Saint-Valery et y exerçait l'autorité souveraine. Sa fille épousa Orland ou Orliac, l'un des fils de Guillaume Ier, comte de Ponthieu, qui fut seigneur de Saint-Valery, comte de Boulogne et vicomte du Vimeu. Cette double qualification ferait supposer que le comte venant habiter Saint-Valery, avait institué au château de Vismes une lieutenance ou subdélégation dont il avait alors la gérance. Ce fut ce comte Orliac qui, est-il dit dans la vie de Burcard [1], porta avec ce seigneur le corps de saint Valery dans sa translation de Saint-Omer à Leuconaus.

A Orliac succéda Guibert, surnommé l'avoué de Saint-Valery, qui épousa Papie, fille de Richard II, duc de Normandie. Orderic Vital dit qu'ils eurent deux fils, Bernard, qui succéda à son père dans la seigneurie de Saint-Valery et Richard [2], qui eut un fils nommé Guilbert et une fille nommée Ade [3].

---

[1] *Vie de Bouchard, comte de Melun.* Coll. Guizot. Tom VII, p. 20.
[2] *Hist. eccl. norm.* Orderic Vital. Liv. 6, page 9.
[3] Guilbert eut pour fils: Gautier ; Hugues qui fut moine, et Béatrix. Gauthier eut quatre fils, Richard, Jourdain, Gautier et Hélie. (*Mém. pour l'hist. ecclésiastique et civile de Saint-Valery.*)

V

Le seigneur de Saint-Valery n'était pas sans importance : il était au nombre des cinquante neuf barons de l'Empire créés par Charlemagne. Ses privilèges et prérogatives étaient très étendus. Entre autres il exerçait un droit de *lagan* sur tous les navires, marchandises et hommes que la tempête jetait sur les côtes de son domaine.

La pratique de ce droit inique remontait aux temps les plus barbares : les comtes de Saint-Valery, comme seigneurs et possesseurs des terres baignées par la mer, réclamaient tout ce que les marées déposaient sur l'étendue de ce rivage maritime. En vertu de ce droit, ils confisquaient tous les navires que la tempête brisait sur leurs côtes et s'emparaient de leurs débris ainsi que des marchandises dont ils étaient chargés. Cet acte de piraterie était, à cette époque, en quelque sorte le droit des gens de ceux qui habitaient le littoral des mers. Le comte de Ponthieu en usait ainsi sur toute l'étendue du rivage soumis à sa juridiction, et il n'abandonnait le même droit aux seigneurs du Vimeu, qu'à la condition d'une remise sur les avantages qu'ils en retireraient.

On comprend que lorsque aucune loi ne protégeait les naufragés, les riverains encore sauvages trouvaient naturel de prendre ce que la tempête leur envoyait : c'était un don de Dieu, et il n'est pas encore loin de nous, le temps où les côtiers croyaient que le naufragé était un homme frappé par la colère céleste, qu'il était permis de mettre à mort pour offrir en holocauste à la justice divine.

Les Romains avaient cependant fait des lois sévères pour empêcher le pillage des navires que la tempête jetait à la côte et, surtout, pour punir les gens qui allumaient sur le rivage des feux pour attirer les navires dans les écueils [1]. Mais l'invasion des barbares du Nord renversa ces sages institutions, et les seigneurs féodaux du Vimeu et de Saint-Valery usèrent largement de l'horrible coutume de massacrer les malheureux échappés au naufrage et de s'emparer des débris de leur fortune.

C'est alors que s'organisa le honteux brigandage inscrit dans les lois anciennes sous le nom de *droit de bris et de naufrage*. Plus tard, sur les représentations des évêques, les seigneurs changèrent cette barbarie en droits de congés ou brefs que tous navires naviguant sur leurs côtes étaient tenus de prendre d'eux, moyennant une rétribution prélevée sur les choses naufragées. Ce droit s'appela *bref de sauveté*.

Les comtes de Ponthieu étaient très âpres à la curée des objets que la mer pouvait déposer sur le rivage de leur domaine. Lorsque le vent avait soufflé avec violence en soulevant les flots de la mer, ils faisaient explorer avec attention les endroits périlleux sur lesquels ils pouvaient espérer de voir la mer apporter et briser une abondante moisson de navires richement chargés. C'est ainsi qu'un jour de l'an 1055, le comte Guy se trouvant à son château de Montreuil-sur-Mer, qui était alors la capitale du comté de Ponthieu, on vint lui faire part que des étrangers richements vêtus, venaient de prendre terre sur les côtes de sa domination. Guy monta aussitôt à cheval et se rendit, en toute hâte, sur le lieu du naufrage où déjà les étrangers étaient retenus par ses gens.

Le naufragé était Harold, comme de Kent, le plus puissant seigneur de l'Angleterre, qui, s'étant embarqué pour la Normandie, avait été assailli par des vents contraires et poussé par une bourrasque sur les côtes maritimes du Ponthieu. Un prince était une trop bonne aubaine pour qu'on lui rendît la liberté sans conditions : le prince Harold fut emmené prisonnier et son navire fut dépouillé de tout ce qu'il portait.

---

1 *Ne piscatores lumine ostento, fallant navigantes, quasi in portum aliquem delaturi*, etc. Sidonius appolinaris, liv. 8, épître 6.

On a écrit à tort que ce naufrage avait eu lieu à la pointe du Hourdel, et que le prince Harold aurait été enfermé à Saint-Valery dans une tour du rivage. Cette tour aujourd'hui ruinée et que les gens du pays nomment *la tour à rauts* ou *à ros*, ce qui a donné à quelque savant l'idée de prononcer *tour Harold*, est nommée par Coquart *tour à roc*, parce qu'elle est fondée sur le roc de la grève. « C'est, dit-il, une grosse tour ronde qui faisait » partie de l'enceinte de la place. La plate-forme » de sa batterie est percée de quatre embrâsures et » a sous elle un magasin pour les munitions de son » service. Elle pouvait avoir une batterie supérieure » selon qu'on en peut juger par une galerie voûtée » que les ruines empêchent de bien reconnaître, » mais qui, suivant toute apparence, traversait le » rempart et communiquait aux ouvrages de la porte » d'Eu et peut-être au château [1]. »

Il est vraisemblable d'ailleurs que la tour à roc n'existait point à l'époque du naufrage d'Harold; le fait de cet emprisonnement à Saint-Valery est inexact. L'échouement n'eut point lieu au Hourdel mais sur les bancs d'Authie; Guy de Ponthieu qui habitait alors Montreuil, vint, en vertu du *droit de lagan*, s'emparer du naufragé et le conduisit prisonnier à Belrem, aujourd'hui Beaurain sur la Canche (*Bello ramo*).

---

[1] *Projet pour le rétablissement du port de Saint-Valery-sur-Somme.* Bibliothèque de M. Poncet de la Grave. 17. suppl.

Ce fait est constaté : *Belrem* est nominativement désigné sur un monument commémoratif décrit par M. Lancelot[1].

La copie de ce monument fut trouvée, dit Bernard de Montfaucon, dans ses *Monuments de la monarchie française*, parmi les papiers de M. Foucaut, conseiller d'Etat, qui parait l'avoir recueillie à Caen.

On lit ces vers dans les *Mémoires de littérature* :

> Guy garda Harold par grand cure
> Moult en creust mésavanture
> A *Belrem* le fit envoyer
> Pour faire le duc esloigner[2].

On lit, en outre, dans les *fragments de Duchesne* :

Haroldus navem conscendit ut normanniam peteret; sed tempestate ad oram morinorum ultra somonæ ostia compulsus est.

C'est donc sur les bancs de l'Authie *au-dessus* de la Somme, que le comte Harold vint échouer, et ce fut à Beaurain (*Bello ramo*) qu'il fut emprisonné.

Le voyage d'Harold avait pour objet une mission du roi d'Angleterre, Edouard le confesseur, auprès de Guillaume le bâtard[3], duc de Normandie, son

---

[1] *Mémoires de l'acad. des inscrip.* Tom 5, page 759.

[2] *Mémoire de littérature.* Tom 8.

[3] Les contemporains ne donnent à Guillaume que le surnom de *bâtard*, et il le prend lui-même dans quelques actes. On ne lui donna point, dans son temps, le nom de *conquérant*. Il est prouvé que dans le latin du temps, *conquestor* ou *conquisitor* signifiaient l'homme qui acquiert, par opposition à l'homme qui hérite.

parent[1]. De sa prison de Belrem, le comte Harold écrivit au duc pour lui faire part de ce qui venait de lui arriver et le prier de le réclamer auprès du comte de Ponthieu. C'est ainsi qu'il fut rendu à la liberté et qu'il parvint à Rouen but de son voyage. Il promit, dit-on, à Guillaume, de la part de son maître, la couronne d'Angleterre après sa mort. Harold retourna en Angleterre, mais, à la mort d'Edouard, se croyant à la tête d'un parti assez fort pour s'emparer du trône auquel il avait lui-même quelques droits, il oublia les promesses faites au duc de Normandie et se fit proclamer roi d'Angleterre.

Guillaume, surpris et courroucé au-delà de toute mesure, prépara une expédition pour envahir l'Angleterre et expulser Harold du trône.

« Il fit publier son ban de guerre dans les con» trées voisines, dit M. Thierry; il offrit une forte » solde et le pillage de l'Angleterre à tout homme » robuste et de haute taille qui voudrait se servir » de la lance, de l'épée et de l'arbalète. »

Il n'en fallait pas d'avantage pour exciter la convoitise de tous les seigneurs que les luttes et le brigandage avaient ruinés et qui espéraient reconquérir des terres. « Il en vint une multitude par toutes

---

[1] *Eduardus nimirum propinquo suo Willelmo duci normanorum primo per Robertum Cantuariorum summum pontificem, postea per eumdem heraldum integram anglici regni mandaverat concessionnem ipsumque concedentibus anglicis fecerat totius juris sui heredem.* Orderic Vital, tom. 3, page 492.

» les routes, de loin et de près, du Nord et du
» Midi¹. »

Le rendez-vous était à l'embouchure de la Dives, rivière de la basse Normandie qui se jette à la mer, entre la Seine et l'Orne. La flotte normande appareilla par un léger vent d'Est; mais deux jours après, les vents étant tournés à l'Ouest et menaçant la tempête, elle dut chercher un refuge et ne put le trouver que dans la baie de Somme, à Saint-Valery, où le seigneur Bernard Ier, qui avait succédé à Guilbert, était parent de Guillaume par sa mère Papie.

Plusieurs des bâtiments normands étaient péris dans la traversée; d'autres n'arrivèrent à Saint-Valery qu'avec de grandes avaries; il fallut les réparer et en équiper de nouveaux ce qui demanda du temps. Les vents étaient d'ailleurs passés au nord, circonstance qui rendait la sortie du port de Saint-Valery très difficile.

La baie de Somme avait alors encore subi une grande modification, depuis l'occupation des Romains. Le *heurt* de Cayeux s'était joint au rivage, tant par l'exhaussement des alluvions que par les endiguements exécutés pour soustraire les terrains aux débordements de la mer. L'ancienne entrée de la Somme était restée isolée du courant qui l'alimentait et formait une vaste crique où se retiraient

---

1 *Histoire de la conquête d'Angleterre par les Normands.*

les bateaux et qui, à cause de cela, était appelée *hâble*.

Les galets qui n'étaient plus retenus à Ault par le passage des eaux de la Somme, s'étaient avancés dans la direction du nord abritant le *heurt* ou *roc* de Cayeux et arrachant ainsi à la mer une grande portion de terrain sur lequel les pêcheurs bâtirent leurs cabanes et qui fut appelée Cayeux. Je suis fondé à croire que ce nom de Cayeux vient de la nature du fond, base restée de la colline détruite qui rattachait le Cap-Cornu à la falaise d'Ault : ce n'est pas sans raison que les seigneurs du pays disaient pays et roc de Cayeux. La terre voisine, provenant d'un banc maritime, conserva néanmoins le nom de *heurt* ou *hurt* et, comme les marées l'inondaient encore, on y établit des salines qui furent exploitées par les gens de Cayeux et de Saint-Valery.

La pointe de galets prit de ce mot *heurt*, le nom de Heurdel ou *Hourdel*, comme l'appellent encore les marins, et dont nous avons fait Hourdel. Les plus anciennes cartes font figurer, à l'abri de cette pointe, une vaste anse servant de port et désignée longtemps après sous le nom de *Vieux port*. C'est dans cette anse, et à l'abri du Cap-Cornu, que dut s'assembler la plus grande partie des neuf cents navires à grandes voiles et les milliers de bateaux de transport, *li menus vaisselins*, comme l'a dit M. Augustin Thierry, qui formèrent la flotte dont nous venons de parler.

Robert Wace parle en ces termes de l'expédition de Guillaume :

> Mez ceu oi dire à mon père
> Bien m'en souvient, mes vallet ere
> Quer sept cents nefs quatre mains furent
> Quant de Saint-Valery s'esmurent,
> Que nefs, que batteaux, que esqueiz
> A porter armes et herneiz [1].

Bernard, premier du nom, qui était proche parent du duc de Normandie, et qui peut-être redoutait sa puissance, le reçut avec des protestations de dévouement. Le comte de Ponthieu qui ne voyait point sans une certaine inquiétude une semblable armée prendre terre sur son territoire, se montra aussi très officieux. L'un et l'autre s'empressèrent de fournir à l'armée normande tout ce qui était nécessaire à son alimentation : tous les jours un certain nombre de gribanes arrivaient d'Abbeville à Saint-Valery avec des vivres, pendant que des renforts d'hommes affluaient par toutes les routes.

Un si bon ordre avait été établi parmi ce grand nombre de gens de guerre que le camp ressemblait plutôt à une ville policée qu'à un lieu destiné au bruit et au tumulte des armes. Chaque peuple occupa la place qu'on lui avait marquée. Le comte de Ponthieu arriva le premier avec cinq cents hommes d'élite; le comte Hugues, général des Allemands, y

---

1 *Roman de Rou.*

mena trois mille hommes choisis; Alain de Bretagne, Bertrand de Dinan et Amaury, vicomte de Thouars, y conduisirent les troupes bretonnes et poitevines : sous eux étaient le vicomte de Léon, les seigneurs de Vitré, de Château-Giron, de Goël, de Lohéac; les Angévins, les Flamands, les Manceaux, les Boulonnais que commandait leur comte, les Tourangeaux et les Nivernais vinrent successivement grossir l'armée du duc, qui comptait dans ses rangs plus de quatre mille gentils-hommes dévoués à sa cause, et parmi eux plus de deux cents seigneurs des premières familles du royaume, tels que les comtes de Bayeux, de Mortain, de Beaumont, de Montfort, de Tougues, d'Avranches, d'Estouteville, de Senlis, de Jouy, de Longueville, d'Eu, de Gournay, de Harcourt, d'Evreux, d'Aumale et le vicomte de Coutances, dont le grand âge était de près de quatre-vingts ans [1].

Le comte de Saint-Valery voulut aussi y donner son contingent sous les ordres de ses deux fils, Gauthier et Renaut. Le roi de France fut le seul qui ne prit point de part à l'expédition parce qu'il entrevit que si Guillaume, son vassal, triomphait, il serait plus puissant que lui-même, dont il relevait pour le duché de Normandie [2]. Quant au pape, s'il n'y vint point en personne, il donna son concours

---

[1] *Histoire de la marine.* Bouvet de Cressé.
[2] *Mémoire pour l'histoire ecclésiastique et civile de Saint-Valery-sur-Somme.*

à l'expédition en prononçant à l'avance l'excommunication contre quiconque s'opposerait aux prétentions du duc de Normandie.

Tout les bâtiments composant la flotte étaient mouillés près de Saint-Valery et n'attendaient, pour mettre à la voile, que le vent favorable. Trois forteresses de bois démontées furent embarquées sur les plus forts navires; elles étaient destinées à être montées sur le sol d'Angleterre, chacune pouvant contenir dix mille hommes; elles devaient recevoir et mettre en sûreté les vivres et provisions pour six mois.

Les troupes étaient campées dans un vaste camp tracé auprès de Saint-Valery. Le duc en fit une revue générale et il trouva soixante-sept mille combattants sans compter deux cent mille valets, ouvriers, pourvoyeurs, etc., attachés à l'armée.

Un historien raconte que le comte de Saint-Valery demanda à Guillaume, pour toute récompense de l'assistance qu'il lui prêtait « l'accointance de » la plus gente pucelle que là treuverait [1]. »

Cependant les vents continuaient à souffler de la partie du nord; les semaines s'écoulaient et la flotte était toujours retenue dans le port de Saint-Valery. La désorganisation ne tarda point à se mettre parmi un si grand nombre d'hommes désœuvrés et sans discipline; ils murmurèrent, plusieurs désertèrent : peu s'en fallut que l'expédition projetée n'eut point lieu faute de soldats.

[1] *Illustration de la maison de Gamaches*, p. 19, citée par M. Darsy

C'eût été un contre-temps fâcheux pour les vues de Guillaume. Pour détourner ce malheur, il ordonna des prières publiques et les fit faire avec la plus grande cérémonie. L'abbé de Saint-Valery, Guaton, fit promener dans tout le camp, le corps du saint patron exposé sur un drap d'or, et toute l'armée se jetant à genoux, invoqua les précieuses reliques pour obtenir un heureux succès de l'entreprise. On était au mois de septembre; pendant la nuit du 28 au 29, les vents changèrent et la flotte put appareiller. Guy, comte de Ponthieu, voulut être de l'expédition et partit sur le vaisseau de Guillaume. On ne dit point que Bernard de Saint-Valery partit aussi, mais ses deux fils Gauthier et Renaut accompagnèrent le duc et furent de ses plus fidèles serviteurs.

« Quatre cents navires à grandes voiles, dit
» M. Thierry, et plus d'un millier de bateaux de
» transport s'éloignèrent de la rive au même signal
» le 29 septembre 1066. Le vaisseau de Guillaume
» marchait en tête, portant au haut de son mât, la
» bannière envoyée par le pape et une croix sur
» son pavillon. Ses voiles étaient de diverses cou-
» leurs et l'on y avait peint, en plusieurs endroits,
» trois lions, enseigne de Normandie; à la proue
» était sculptée une figure d'enfant portant un arc
» tendu avec la flèche prête à partir[1]. »

[1] *Histoire de la conquête d'Angleterre par les Normands*, par M. Aug. Thierry.

« Spectacle magnifique, dit M. Bouvet de Cressé[1], que nul expression ne peut rendre, et qu'il faut avoir vu pour s'en faire une idée. Onze cents embarcations de tout rang couvrent la mer. » Cette flotte poussée par les vents du sud-est, aborda, sur la côte d'Angleterre, à Pevensey. Huit jours après, le bâtard avait conquis le trône d'Angleterre et troquait ce surnom contre celui de conquérant qui lui est resté.

Le comte de Ponthieu et Gauthier, fils de Bernard, revinrent triomphants dans leurs domaines. Le comte Bernard avait employé son temps à fortifier ses châteaux : on lui attribue la fondation de celui de Bernaville, auquel il donna son nom.

Pour récompenser Gauthier de l'assistance qu'il lui avait prêtée dans sa conquête de l'Angleterre, Guillaume le conquérant lui donna autre chose que la gente pucelle qu'il lui avait demandée : il eut le droit de porter dans ses armes deux léopards avec cette devise : *les deux sont égaux aux trois*[2]. Quant à Renaut, frère de Gauthier, M. Darsy nous apprend qu'il reçut la terre de *Sarum* en Angleterre. Ses descendants, dit-il, existent encore à *Oldsarum* en Wiltshire, sous le nom *Waimaches* ou *Ghaimaches*, autrefois barons et avoués de Malmesburg et de Wiltshire. On sait qu'Henri II ajouta un troisième léopard aux armes d'Angleterre.

[1] *Histoire de la marine*, 1er vol. page 185.
[2] *Par Ternis Suppar.*

VI

Les grands vassaux avaient acquis une puissance étendue : ils vivaient indépendants de la royauté qui, depuis Charlemagne, n'était plus qu'un simulacre d'autorité. Le roi, isolé au milieu de ces superbes sujets, ne pouvait même hasarder la moindre excursion hors de sa résidence, sans s'exposer à être attaqué et dépouillé.

Les seigneurs, à l'exemple des grands vassaux, avaient toujours les armes à la main pour se faire la guerre et s'arracher une portion de territoire. La France entière était hérissée de châteaux forts, retraites qui étaient plutôt des cavernes de voleurs que des moyens de défense contre les ennemis du pays [1].

Robert Wace nous a donné un exemple de la vie

---

[1] *Antiquæ regum procerumque industria, ad tutelum patriæ et munimem civium contra hostes insurgentes, per loca opportua construi intituit ædificia castellorum, quæ modo ubique vertuntur in speluncas latronum, ad perniciem populi et vastationes regionum.* (Mirac. S. Angilberti, acta Bened., sæc. IV, past. I, p. 142.)

des possesseurs de fiefs de cette époque, dans ces quelques vers :

> Li baronz s'entre guerroièrent.
> Li forz li fièbles damagièrent.
> Chescun d'els, selunc sa richesse,
> Feseit chastels et forteresse.
> Par li chasteals surstrent les guerres,
> Et li destructions des terres,
> Granz medelées è granz Haenges,
> Granz pourprises è granz chalanges [1].

Au milieu de cette anarchie aristocratique, la condition des populations était bien précaire et bien misérable. Les seigneurs s'arrogeaient des droits onéreux et même odieux selon que leur caprice ou leurs passions le leur dictaient. C'était en vain que le malheureux arrosait les campagnes de ses sueurs et de son sang : un caprice de son seigneur et maître venait détruire ses récoltes et lui ravir l'existence. C'est ainsi que, par leurs rapacités et leurs brigandages, ils dépouillèrent peu à peu le peuple de ses libertés et de ses priviléges. Ce n'est pas tout. De nobles aventuriers apparaissaient fréquemment à la tête de bandes pillardes connues sous le nom d'écorcheurs, de malandrins, de routiers, etc., ils pillaient les campagnes et y promenaient le fer et le feu avec la plus inhumaine barbarie.

Le Ponthieu et le Vimeu, aussi bien que les

---

1 *Roman de Rou.* Tom 2, pages 1 et 3.

autres parties de la France, furent infestés de ces bandes qui se grossissaient par la misère des populations. Le clergé lança en vain des anathêmes contre ces bandes de pillards, elles ne respectaient rien et dévastaient aussi bien la chaumière du pauvre que les églises et les monastères.

Tel était l'état de notre malheureux pays lorsqu'un moine, Pierre Lhermite, d'Amiens, parcourut les campagnes, appelant les fidèles à la conquête de la Terre-Sainte. L'extérieur du missionnaire, qui était commissionné par le pape Urbain II [1], n'était, dit-on, rien moins qu'imposant. C'était, disent les anciennes chroniques, un personnage *statura pusillus; sed sermone et corde magnus*. Il était petit, mal vêtu, sans chaussures, et n'avait, dans ses longs et pénibles voyages, qu'un âne pour monture. Néanmoins, à sa voix, les populations s'émurent; les seigneurs, cessant de se faire la guerre, levèrent leurs hommes pour marcher avec eux en Terre-Sainte; les bandes pillardes se joignirent à eux dans l'espoir d'un plus riche butin; l'entraînement fut général et spontané : c'était un immense pélérinage qui précipitait vers l'Asie les populations entières des chrétiens de l'Europe.

On évalue à six cent mille le nombre des premiers

---

[1] On conserve à la bibliothèque d'Amiens une superbe traduction sur vélin, de l'*Histoire des Croisades*, de Guillaume de Tyr, par Pajon. Ce manuscrit est orné de vignettes très-bien peintes, représentant *Pierre Lhermite* aux pieds du pape Urbain II, le départ des chrétiens pour la Terre-Sainte, leurs exploits et leurs revers.

croisés, sans compter les prêtres, les femmes et les enfants [1].

Le rendez-vous en Picardie se fit en 1096, sous les murs d'Abbeville. Robert, duc de Normandie, Robert, comte de Flandres et Godefroy de Bouillon y vinrent en personne avec des troupes considérables [2]. Robert de Normandie entraîna à le suivre le seigneur de Saint-Valery, Gauthier, qui avait succédé à son père, Bernard Ier. Gauthier, accompagné de son fils Bernard, quitta ses domaines pour aller combattre sous les murs de Jérusalem. Après le siége de Nicée, l'armée chrétienne s'étant séparée pendant la nuit, Gauthier et son fils s'attachèrent aux pas de Boemond et se distinguèrent par leur bravoure. Orderic Vital parle des prouesses de Bernard qui, dit-il, monta le premier sur les remparts de la ville sainte.

Ce mouvement d'enthousiame religieux avait eu des conséquences heureuses pour la civilisation. Philippe Ier, roi de France, avait, par les conseils du sage Suger, affranchi les serfs de ses domaines. Les seigneurs, déjà épuisés par le faste de leur cour, les tournois et les combats qu'ils se livraient continuellement entre eux, suivirent l'exemple de leur roi, afin d'avoir de l'argent et de pouvoir faire partie de l'expédition de Palestine; ils vendirent aux

---

[1] *Sex centa millia, præter clericos, mulieres et parvulos*, Bongar, page 562.
[2] *Chron.* de Hugues de Fleury. Coll. Guizot, tome 7, pages 85.

communes de leur dépendance le droit de s'administrer elles-mêmes : c'est de cette époque que datent les chartes d'affranchissement. Le comte de Ponthieu, Guillaume de Talvas, l'accorda aux habitants d'Abbeville en 1137, et le seigneur de Saint-Valery suivit son exemple.

On ne dit pas si le seigneur Gauthier revint de Terre-Sainte. M. Lebœuf, dans son *Histoire d'Eu*, dit que Robert de Mowbray, comte de Northumberland, mécontent de la manière dont le roi conquérant avait récompensé ses services et voulant porter sur le trône d'Angleterre, Etienne, comte d'Aumale, trama une conspiration dans laquelle entra Gauthier de Saint-Valery qui, pour ce fait, fut pris et brulé par les Normands dans son château [1].

Orderic Vital et le père Ignace disent que Bernard II, fils de Gauthier, succéda à son père dans la seigneurie de Saint-Valery, et qu'à son retour de Palestine, il établit hors des murs de sa ville de Saint-Valery un hospice de lépreux, car beaucoup de ses hommes d'armes étaient revenus avec ce mal affreux.

Il paraît qu'alors Saint-Valery portait le nom de ville ; jusque là ce n'aurait été qu'un bourg proche de l'abbaye comme semblent le dire ces mots de Renaut, avoué de Saint-Valery : *Portus burgi obserate*. Mais Mathieu Paris rapportant la destruction de

---

[1] *La Ville d'Eu*. Désiré Lebœuf, page 43.

la ville par le roi d'Angleterre, en 1197, s'exprime ainsi : *Villam combustit*. Ainsi, Saint-Valery n'aurait été que village ou bourg jusque vers la fin du XIIe siècle, époque à laquelle il devint ville.

La maladrerie des Lépreux fut établie entre la ville et la Ferté, au lieu où est aujourd'hui l'hospice. Aussitôt qu'un cas de lèpre était signalé, le malade était condamné au sequestre et livré aux prêtres : ceux-ci venaient s'en emparer avec les mêmes formalités que s'il s'était agi d'enlever un mort; on l'entrait dans l'église en chantant les versets destinés aux enterrements; arrivé dans le chœur, on lui ôtait ses habits pour le revêtir d'une robe noire, et il entendait la messe des morts entre deux tréteaux; les aspersions d'eau bénite ne lui étaient point épargnées. On le conduisait ensuite à la léproserie avec défense d'en sortir; tout était dit: bientôt une mort affreuse terminait ses jours.

Cependant les croisades, en dépit des excès auxquels elles donnèrent lieu, eurent leur bon côté et d'immenses résultats pour la civilisation. Les seigneurs affaiblis par les dépenses qu'ils avaient dû faire, étaient domptés; la monarchie put s'établir sur des bases plus solides. Les guerres de seigneur à seigneur devinrent moins fréquentes; le commerce s'établit avec quelque régularité entre les nations; le port de Saint-Valery en profita; le bourg de la Ferté s'étendit, et les navires de tous les pays vinrent y aborder.

Les améliorations obtenues dans les mœurs et dans la vie sociale furent si grandes et si sensibles que, dès le commencent du XII° siècle, un chroniqueur disait :

« Nous avons dépassé les anciens, et nos pères, que nous vantons outre mesure, ne valaient pas dans leur dos, autant que nous dans notre petit doigt [1].

---

[1] *Et minutissimun digitum nostrum, patrum quos plus æquo extollimus, nostrorum dorsis grossiorem reperire poteritis.* (Guiberti, *gesta dei*, Bongars, page 170).

VII

Les dévotions faites à l'abbaye de Saint-Valery profitaient aux abbés qui, loin d'imiter l'humilité et la pauvreté de leur fondateur, étaient devenus extrêmements riches et tout puissants : ils prétendaient être de fondation royale, et s'arrogeaient le pas sur les seigneurs de Saint-Valery, qu'ils qualifiaient avoués ou serviteurs de l'abbaye[1]. Leur pouvoir s'étendait à tout et leur voix soulevait ou appaisait les tempêtes, au gré de leurs caprices ou de leurs intérêts; de grandes immunités leurs étaient octroyées et, comme ils ne voulaient reconnaître aucune autorité supérieure, ils étaient plus maîtres que le souverain[2].

A l'abbé Raimbert avait succédé Restoulde, puis Foucard, de l'abbaye de Saint-Lucien de Beauvais; Adhelmus, moine de Saint-Vaast d'Arras, occupa

---

1 Notes manuscrites de M. Devérité.
2 L'Abbaye de Saint-Valery était la plus ancienne de la province de Picardie; elle remontait selon quelques chroniqueurs, à l'an 611, et son premier abbé fut le saint qui lui légua son nom.

H. DUSEVEL.

ensuite le siège. Le père Ignace, qui nous donne cette nomenclature, n'y fait pas figurer Guaton, qui accompagna, en 1059, Guy, comte de Ponthieu, au sacre du roi de France, Philippe Ier.

Au temps du seigneur Bernard II, Théodin, moine de Saint-Denis, était abbé de Saint-Valery. On lui attribue un écrit anonyme sur les discours et la vie du saint patron de cette abbaye.

Lambert lui succéda. Les mœurs cléricales d'alors étaient très relâchées. On pouvait, sans doute, attribuer aux moines de l'abbaye de Saint-Valery, ce que l'évêque Flodoard dit des abbés en général : « Plusieurs chanoines, dit-il, recherchaient ces » gains honteux, dont la cupidité temporelle est » avide; ils étaient brûlés des ardeurs de la luxure, » ils s'occupaient d'affaires séculières. On ne les » voyait ni donner aux autres l'exemple profitable » d'une charité fraternelle, ni plaire à Dieu ou aux » hommes par la chasteté. Ils ne s'assemblaient » point aux heures prescrites pour chanter des » psaumes et célébrer les offices[1]. »

En effet, les moines de Saint-Valery étaient tombés dans une grande dissolution de mœurs : ne voulant supporter aucun joug, leurs actes étaient non seulement vexatoires pour les populations, mais honteux pour le caractère clérical ; ils ne reconnaissaient aucune autorité, pas même celle de

---

[1] *Gallia Christiania*, tom. I, app. page 6.

leur évêque, et leur désobéissance aux ordres supérieurs fut plus d'une fois le sujet de réprimandes sévères dont ils ne tenaient pas compte.

Un jour Geoffroy, évêque d'Amiens, faisant la tournée de son diocèse, vint à l'abbaye de Saint-Valery y consacrer quelques calices, y bénir quelques nappes, quelques ornements sacerdotaux pour des curés ou prêtres des campagnes voisines, qui l'en avaient prié. Les moines, humiliés qu'un évêque osât venir dans leur église avec l'autorité que lui donnait l'épiscopat, se récrièrent ; appuyés par leur abbé Lambert, ils osèrent disputer ce droit au prélat, s'emportant et disant que jamais évêque n'avait fait chez eux de consécration.

En vain Geoffroy, cherche-t-il à les calmer, en vain sa voix pleine de douceur leur rappelle-t-elle qu'un évêque peut consacrer partout où il se trouve; rien ne peut retenir leur colère. Les moines l'accablent d'injures, ils oublient, et ce qu'ils doivent au caractère sacré dont il est revêtu et ce qu'ils se doivent à eux-mêmes, à tel point que peu s'en fallut qu'ils ne portassent la main sur lui.

Geoffroy ne passa point outre, dit un annaliste du temps, et, considérant que cette maison *n'était plus d'ailleurs qu'une caverne de voleurs,* il se retira sans bruit [1]. Rentré dans sa ville épiscopale, il assemble son clergé, lui expose ce qui s'est passé et

---

[1] *Mémoires du clergé.* Tom III, page 738 et tom VI, page 950.

demande le rappel des moines à la discipline de l'église. L'abbé est aussitôt mandé à Amiens, il arrive apportant avec lui de quoi séduire les juges. L'argent qu'il a destiné à cet acte d'iniquité est étalé devant les prêtres assemblés. A la vue de cet or, ce tribunal sacré ne fait pas difficulté de vendre sa conscience; il cède, et bientôt il a la lacheté de se déclarer contre son évêque.

Geoffroy porte alors l'affaire devant l'archevêque de Reims, Manassès, légat né du saint siège; celui-là même qui disait : « l'archevêché de Reims serait une bonne place, s'il n'obligeait à chanter la messe [1]. » Là de nouveaux scandales se renouvellent. On distribue l'or à pleines mains; on fait plus, on fabrique de faux titres; le saint évêque, cette fois encore, est accablé d'injures. On allait prononcer contre lui, lorsqu'il demanda à voir les privilèges que les moines prétendaient avoir reçus du pape. Ils exhibent cette pièce; Geoffroy passant le coin de sa robe sur l'encre, fait voir qu'elle était nouvelle, que le parchemin en était tout récent, que l'écriture n'était pas romaine non plus que le sceau, et, la fraude ainsi découverte, il confond ses adversaires.

Les moines ne se considérèrent point comme battus, ils en appelèrent au pape et distribuèrent de riches présents aux officiers de la cour pontificale, qui promirent de défendre leur cause. Per-

---

[1] *Hujus mores prorsus improbos, et stupidissimos habitus cum omnis honestus horreret.* (Guiberti abbatis. *Opera*, p. 167.)

suadés qu'ils la gagneraient, ils revinrent triomphants à Saint-Valery. C'est alors que parut la bulle pontificale de 1106, dans laquelle l'excommunication est fulminée contre tout séculier qui oserait attenter aux privilèges des monastères.

Geoffroy arrive après le départ des moines de Saint-Valery, fort de son droit seulement, car il n'a rien à distribuer et de grandes charges s'élèvent contre lui. On l'accuse d'avoir voulu opprimer les moines. Le pape, Pascal II, prévenu d'avance, refuse en quelque sorte de l'écouter; mais l'évêque s'exprime avec tant d'énergie et de dignité, que le jour de la justice arrive enfin. Le pape s'excuse de l'avoir d'abord si mal reçu; il admire sa sagesse et n'hésite point à confirmer les droits de l'évêché d'Amiens sur l'abbaye de Saint-Valery [1].

Ces faits, si communs à cette époque, donnent une fâcheuse idée de l'esprit du clergé et surtout des abbés de Saint-Valery. L'abondance des richesses les avait corrompus, et cette dépravation n'était point sans influence sur l'état où se trouvait la civilisation.

La corruption des clercs demandait une répression sévère. Hildebrand, devenu Grégoire VII, s'en occupa sérieusement : il défendit aux moines le trafic et la vente des bénéfices, chassa du sanctuaire ceux qui n'étaient point dignes de l'approcher et

---

[1] *Les évêques d'Amiens*, page 16.

soumit les chapitres à une vie régulière et canonique[1].

Le père Ignace nous donne une belle idée de l'abbaye de cette époque. L'église était admirable, dit-il, elle se composait d'une nef et de deux bas-côtés, unis entre eux par le rond-point du chœur[2]. M. Désirée Lebœuf dit que, cette église, dans le même genre que celle d'Eu, était d'une svelte élégance, surtout à l'intérieur, admirable par la hauteur des fenêtres, les arceaux, les colonettes et les croisillons. Il existait en outre une église dédiée à saint Josse et un beffroi que les dégradations de la mer firent tomber avec la falaise sur laquelle ils étaient construits[3].

En 1165, les privilèges de l'abbaye de Saint-Valery, comprenaient, d'après un acte du pape Alexandre, le comté de Vimeu, qui rentrait dans la possession territoriale des seigneurs de Saint-Valery. Les abbés prétextaient aussi des droits sur les terrains du Marquenterre dûs à la retraite des eaux de la

---

[1] *Concile de Labbe.* Tom. IX, coll. 1099. — *Ann. bened.* Tom. V, append.

[2] L'église de cette abbaye passait pour une des plus belles de France. Il ne reste que des ruines de ses bâtiments, qui avaient été reconstruits plusieurs fois et, en dernier lieu, dans un beau style ogival. H. DUSEVEL.
Le cérémonial du monastère de Saint-Valery se trouve à la bibliothèque impériale, sous le titre de : *Ceremoniale locale monasterii sancti Valerici supra mare.* (Don Grenier, art. LEUCONAUS.)

[3] *Titres de la fabrique.* Manus. de M. Saumon.
On veut parler ici de l'ancienne maison de ville. L'hôtel-de-ville étant trop près du rivage, a croulé dans la mer. H. DUSEVEL.

mer et qu'ils avaient donnés à cens; mais cette propriété fut cause de différends qui survinrent plus tard entre eux et les comtes de Ponthieu.

Bernard III, qui avait succédé à son père Bernard II, était alors possesseur de la seigneurie de Saint-Valery. Il servit la cour de Henri II, roi d'Angleterre, duc de Normandie, et fut par lui envoyé extraordinairement vers le pape [1].

La bonne entente ne régna pas toujours entre Bernard et son suzerain, Jean, comte de Ponthieu. Celui-ci, qui possédait la ville du Crotoy située sur la Somme à l'opposite de Saint-Valery, y avait fait bâtir une forteresse pour s'assurer un péage sur chaque navire qui entrerait dans la rivière. Bernard, qui prétendait avoir seul des droits à ce recouvrement, fit augmenter les fortifications de Saint-Valery. Depuis cette époque les deux forteresses semblèrent deux ennemis placés en face l'un de l'autre et se mesurant de l'œil: il en résulta, ainsi que nous le verrons bientôt, des luttes fâcheuses pour la prospérité du pays.

Une autre circonstance vint augmenter ces causes de dissentiment. Le comte de Ponthieu ayant épousé en seconde noces Laure, fille de Bernard, il s'en sépara peu de temps après sous le prétexte qu'elle était parente avec Méhaux [2], sa première femme,

---

[1] *Mémoire pour l'hist. ecclésiast. et civile de Saint-Valery.*

[2] Parmi les anciens seigneurs de Saint-Valery l'histoire cite Bernard. Sa fille, appelée Mehaux, fut mariée à un haut seigneur du

et il épousa Béatrix de Saint-Pol, fille d'Anselme, de Camp-d'Avoine. Bernard, outré de colère, ne ménagea point ses reproches. Des injures on en vint aux voies de fait : c'est à qui des deux seigneurs entrerait sur les terres de son voisin pour y mettre tout à feu et à sang. Tous les deux se jurèrent haine à mort, et la guerre féodale ensanglanta de nouveau les rives de la Somme.

Le seigneur de Saint-Valery fut associé pour moitié à la seigneurie de Gamaches par un chevalier nommé Valeran, qui la tenait en franc alleu, et il retint de lui l'autre moitié en fief. Il prit dès lors le titre de seigneur de Saint-Valery, marquis de Gamaches, gouverneur du pays et *roc* de Cayeux[1] ;

pays de Gales, appelé Guillaume de Brayause et elle rendit d'importants services au roi, Jean d'Angleterre. Elle se vanta un jour au comte d'Aumale, son neveu, d'avoir tant de fromages que si cent des plus *vighereux* (vigoureux) hommes d'Engleterre étoient assiégés en un chasteau ils se pourroient défendre avec ces fromages plus d'un mois, pas si encore que tozjours trouvassent les fromages appareillés por jeter hors. (*Histoire des ducs de Normandie et des rois d'Angleterre, etc.*, publiée par Francisque Michel. In-8°, Paris 1840, pages 111 et 112. (*Note communiquée par M. H. DUSEVEL.*)

[1] Ce mot *roc de Cayeux* semble confirmer notre opinion sur l'origine du territoire de Cayeux; c'est-à-dire que le fond serait un roc calcaire, base du contrefort qui, dans des temps très reculés, devait rattacher la butte du Cap-Cornu aux falaises du bourg d'Ault, en laissant une vallée depuis Rossigny jusqu'à Onival. Un mémoire très ancien qui nous tombe sous la main, s'exprime ainsi :

« Cayeux n'était autrefois qu'un roc contre lequel la mer venait se briser. A ce roc se sont attachées, par succession de temps, des terres que la mer y a apportées et en s'attachant au roc, elles ont acquis de la solidité; elles étaient néanmoins demeurées cachées sous les eaux et ce n'a été que par l'industrie et les travaux des habitants, qu'ils parvinrent à l'affranchir des marées. »

(*Mémoire pour messire Louis Lemaître, prieur commandataire du prieuré de Saint-Pierre-lès-Cayeux.*)

puis en 1096, il fit construire une forteresse à Gamaches, une autre à Cayeux et des châteaux à Berneuil et à Domart.

Le roi de France, Louis VII, vivement affecté des désordres qu'occasionnait cette mésintelligence entre les deux seigneurs, s'interposa pour y mettre un terme. Après plusieurs tentatives sans succès, il obtint enfin que le différend serait terminé par le duel, dans la cour de l'abbaye de Corbie et en présence de l'abbé Hugues Ier. Bernard, accompagné de ses champions et de ses avoués, partit de Saint-Valery avec un brillant cortège de chevaux armés de toutes pièces. Il arriva à Corbie où vint aussi son adversaire décidé comme lui à vider la question par le sort des armes; mais, grâce à l'invervention de l'abbé et d'autres hommes prudents, surtout de Thibaut, comte de Chartres, qui s'y trouva de la part du roi, le combat n'eut point lieu, et la rencontre scella la réconciliation depuis longtemps désirée par les populations à qui ces luttes avaient coûté tant de sang. Par le traité qui fut passé séance tenante, la forteresse du Crotoy demeura au comte de Ponthieu, et Bernard conserva ses châteaux de Domart, Berneuil et Saint-Valery.

Bernard III, fut père de Bernard IV, qui, d'après les annales connues, lui succéda, et de Laure ou Laurette de Saint-Valery qui, ayant épousé en premières noces, Jean, comte de Ponthieu, en fut répudiée et épousa ensuite le célèbre Aléaume de

Fontaines, fondateur de l'église de Longpré qui s'était illustré dans la Terre-Sainte[1]. Collenot rapporte à ce sujet un extrait d'un fabel manuscrit, tiré en 1749, de la bibliothèque du comte de Vence.

« Ansel de Cayeux ly voyant Aléaume de Fontaines, en grands pourchats, lui dit :

» Beau sire, serez pris aux tournois et pas d'armes pour bâtard et serez regardé comme prélats et chanoines. Bombances, jeunes bachelettes, festins, bals et carrousels vous suffisent, non mie beaucoup faits d'armes chevaleresques. Pardieu, c'est à guerroyer Mahomet et Sarrasins qu'à telle enchaigne qu'à vous appartient.

» — De par Saint-Vallery, dit Aléaume, je vais m'accoutrer et j'espère que vous me trouverez digne chevalier. »

Alors Thomas de Saint-Vallery dit à sa fille Laurette : Vous voyez votre mari prendre le vol du jeune aigle sortant du nid, mais serait-il resté, si vous vous fussiez obstinée à le garder dans votre gyron[2] ?

[1] Aléaume de Fontaines resta en Orient avec les chevaliers laissés par Philippe-Auguste après son départ. En 1204, il rejoignit les croisés qui s'emparèrent de Constantinople l'année suivante. Il avait fondé l'église collégiale de Longpré. Laurette de Saint-Valery, sa femme, avait toutes les vertus des chevaliers et la charité de son sexe. Un historien dit en parlant d'elle : *Sicut animi virtute non erat inferior viro, sic barbato facie seipsam exhibuit virum.* Elle avait appris la médecine pour secourir les pauvres. (*Histoire d'Abbeville et du comté de Ponthieu.* M. Louandre, tom Ier, page 139, note.)

[2] *Recherches de M. Collenot père,* — dans les notes manuscrites de M. Devérité.

Bernard mourut en 1117, âgé de plus de 90 ans.

M. Darsy, dans son *Histoire de Gamaches*, signale une lacune qui existe entre Bernard III et Bernard IV, parceque la date des événements qui s'accomplirent du temps de ce dernier, sont trop éloignés de l'époque de la mort de Bernard III, et il suppose que Gauthier, fils et successeur de celui-ci, qui fit aussi le voyage de Terre-Sainte, dut être seigneur de Saint-Valery dans les premières années du xii° siècle.

VIII

Les dissentiments entre les seigneurs de Saint-Valery et les comtes de Ponthieu leurs suzerains, ne pouvaient qu'être préjudiciables à Saint-Valery et au pays du Vimeu. La désolation et la stérilité étaient dans les campagnes : la main de Dieu semblait s'être appesantie sur les peuples en punition des désordres de leurs maîtres.

Nous avons vu que les rois de France intervinrent plusieurs fois pour ramener la paix entre ces petits tyrans haineux et implacables; mais la paix était de peu de durée : les querelles renaissaient soit à propos d'une prérogative, soit au sujet des navires que les pilotes du comte de Ponthieu allaient devancer à la mer pour les conduire au port du Crotoy préférablement à celui de Saint-Valery.

Bernard IV étant seigneur de Saint-Valery et Jean II étant encore comte de Ponthieu, des relations de bon voisinage s'établirent entre le vassal et son suzerain. Philippe-Auguste était alors en guerre avec Henri II, roi d'Angleterre. Mathieu, comte de Boulogne, allié de celui-ci, fit prier Jean de Ponthieu de lui accorder l'autorisation de passer sur ses terres pour se rendre en Normandie au secours du roi Henri. Jean de Ponthieu s'y refusa. Mathieu, piqué de ce refus, pénétra de force dans le pays, passa la Somme au gué de Blanquetaque, et se porta sur le Vimeu, où il brûla plus de quarante villages. Bernard et Jean s'unirent pour le poursuivre, mais ils ne purent que constater les ravages qui venaient d'être causés, sans pouvoir rejoindre l'audacieux comte de Boulogne.

Bernard était un homme de mérite et d'une grande piété, qui donna en maintes occasions des preuves de son humanité. Voulant cimenter les bons rapports qui existaient entre lui et le comte de Ponthieu, ils convinrent tous deux d'unir leurs enfants par les liens du mariage. Il fut convenu et écrit qu'Adèle, fille du comte de Ponthieu, épouserait Renault, fils aîné de Bernard, et que si Renault venait à mourir il serait remplacé par Thomas son frère [1]. Renault étant mort en effet, Adèle devint femme de Thomas, alors seigneur de Domart.

Les noces furent pompeuses. La fille du comte de Ponthieu, est-il dit dans l'*Histoire des Mayeurs d'Abbeville*, eut en dot une somme de 2,500 livres, somme énorme pour le temps. Elle lui apporta en

---

[1] *Si Renaldus defecerit, alter filius Bernardi qui heres ipsius fuerit filiam comitis habebit; similiter si filia comitis Edela defecerit aliam filiam... Renaldus haberet debet.*

outre la terre de Saint-Aubin, près Dieppe, et celle de la Berquerie, en Flandre. Les cérémonies nuptiales se firent à Abbeville, en 1178, en présence de Guillaume de Champagne, archevêque de Reims, ce qui fut confirmé par Thiébaut, évêque d'Amiens [1].

Le mariage fut heureux, car les deux époux s'aimaient. Ce fut à cette dame de Domart qu'arriva une aventure dont les romanciers et les dramaturges ont fait d'intéressantes narrations. Le théâtre en est placé à tort à Saint-Valery, car le fait se passa dans la forêt de Crécy et à Rue. Un jour que les deux époux chevauchaient non loin de Domart, dans une vaste forêt, ils furent attaqués par des brigands, qui attachèrent le seigneur à un arbre et commirent en sa présence le plus grand des forfaits sur la personne de sa femme. Peu de temps après, leurs gens vinrent les délivrer. Jean ayant appris cette aventure, et furieux de l'outrage fait à son sang, fit enfermer sa fille dans un tonneau qui fut abandonné à la mer. On dit que la malheureuse femme fut recueillie par un navire flamand qui la ramena à Rue.

Le comte de Ponthieu eut grand regret de sa dureté envers sa fille. On dit qu'elle le détermina à entreprendre le voyage de Terre-Sainte et que Bernard voulut le suivre dans cette expédition. Avant de partir, il fit toutes sortes de concessions

---

2 *Histoire d'Alençon*. Bry de la Clergerie, livre II, chap. 19.

capables de lui rendre le ciel favorable. En 1184, il donna une charte de commune à la ville d'Abbeville; Bernard y assista et signa l'acte de concession En 1186, il signa encore, avec le comte de Ponthieu et les plus vieux seigneurs du Vimeu, au procès-verbal de délimitation du comté d'Amiens, que le roi Philippe-Auguste venait de réunir à la couronne.

Entre ceux qui reçurent des libéralités du comte Jean de Ponthieu, dit le Père Ignace, il n'y en eut point qui furent plus avantageusement partagés que les religieux Bénédictins de Saint-Valery, auxquels il donna tout le territoire de Saint-Quentin *hors mer* [1], ayant intention qu'ils prieront Dieu pour le repos de son âme, de celle de Béatrix son épouse, de ses fils, de ses filles et du roi Philippe-Auguste son seigneur, avec lequel il allait entreprendre ce long et pénible pèlerinage. De plus, il leur donna encore le droit qu'il avait sur les poissons qu'on pêchait dans la mer qui était de son territoire, à la condition de donner à chaque maître de bateau, chaque jour de pêche, six pains de la valeur d'un denier de Ponthieu [2].

Une très louable décision qu'il prit encore, de concert avec Bernard de Saint-Valery, fut l'abolition du cruel droit de lagan, qui consistait à piller

---

[1] On parle sans doute ici de Saint-Quentin-en-Tourmont, dont les terrains commençaient à surgir de la mer. F. L.
[2] *Histoire chronologique des Mayeurs d'Abbeville*, page 78.

les cargaisons des navires que la tempête jetait sur les rivages de leur domaine et de réduire les malheureux naufragés en esclavage. Philippe-Auguste et Guillaume, archevêque de Reims, confirmèrent cet abolition. L'archevêque prononça même l'excommunication contre tous ceux qui enfreindraient la défense.

Bernard fit aussi ses fondations : d'accord avec sa femme Annora, il fonda, en 1191, l'abbaye de Lieu-Dieu *locus dei*, près Gamaches[1], et un chapitre de chanoines dans ce bourg même. Comme il avait toujours vécu en bonne intelligence avec l'abbé de Saint-Valery, celui-ci, pour témoignage de la bonne estime qu'il faisait de sa personne, déclara qu'à l'avenir il n'élèverait plus de réclamation auprès du comte de Ponthieu au sujet de la commune du Marquenterre. Avant de partir, il fit encore diverses donations, et désirant suivre en tout l'exemple du comte Jean qu'il avait en grande estime, il laissa des biens considérables à l'abbaye Saint-Acheul, près d'Amiens, afin que les moines priassent pour le salut des âmes de son père, de sa femme Annora, de Renault son fils, et de tous ses prédécesseurs.

Jean de Ponthieu et Bernard de Saint-Valery partirent pour la Palestine accompagnés chacun d'un grand nombre de chevaliers, de varlets, et d'hommes

---

[1] Bernard de Saint-Valery acheta, en 1191, à Rogon 120 journaux de terre pour y fonder l'abbaye du Lieu-Dieu. (*Description archéologique et historique du canton de Gamaches.*)

d'armes. Ils se joignirent à Sens au corps que Philippe-Auguste et Henri II d'Angleterre y rassemblaient, et toute l'armée s'embarqua à Fréjus. Bernard se signala, dit-on, par des prodiges de valeur. Jean de Ponthieu, atteint de la peste à Saint-Jean-d'Acre, mourut. Bernard, toujours fidèle dans son affection, rapporta son corps, qui fut inhumé à Saint-Josse-sur-Mer.

Philippe-Auguste et Richard ne furent pas longtemps amis. Ils se désunirent et se firent la guerre. Bernard de Saint-Valery ayant pris le parti du roi de France, Richard lui en conserva un profond ressentiment et attendit les occasions de le lui faire sentir.

A son retour, Bernard tranquille possesseur de ses domaines, s'occupa de réédifier les murailles de la ville, qui étaient depuis longtemps dans un piteux état de délabrement; il s'occupa aussi de l'abbaye, fit refaire la châsse du saint patron et y traça ces quatre vers en lettres gothiques :

> Abbas Bernardus pietas munere fultus
> Hunc fruxit loculum, gemnis auroque decorum
> Ossa beata patris, in quo posuit Valarici
> Nomini ad laudem Christi per sæcla manentem.

La vie de Bernard IV, dans ces temps de désordres, de guerres et de rapines, mérite des éloges; on n'y trouve plus en effet que de belles actions dont l'histoire doit lui tenir compte. Il laissa trois enfants, Thomas qui lui succéda en 1200; Godefroy, tige dont sortirent les différentes branches de Gamaches; Jean, seigneur de Rouvroy, dont descend l'illustre maison de Rouvroy-Saint-Simon. Renault, son fils aîné, était mort en bas-âge, et Bernard dit *le Jeune*, qui l'avait suivi en Palestine, mourut sous les murs de Saint-Jean-d'Acre.

Après la mort de Bernard, la paix qui avait régné entre les comtes de Ponthieu et le seigneur de Saint-Valery, cessa; les désordres recommencèrent.

Thomas, esprit inquiet et belliqueux, ne voulut point se soumettre à son beau-frère, son seigneur suzerain; la guerre éclata entre eux, et l'on vit, dans ces malheureuses contrées, se renouveller les attaques à main armée, les ravages et les incendies qu'on avait vues aux temps de Bernard III et du comte Jean. Fort heureusement, la guerre qui s'était allumée entre Philippe-Auguste et Richard Cœur-de-Lion, fils du roi d'Angleterre, fut cause d'un rapprochement entre les deux seigneurs; la paix fut signée entre eux en 1209, suivant un acte rapporté par Ducange en ces termes :

« Moi, Thomas de Saint-Valery, je fais savoir à tous ceux qui verront cette charte, que j'ai fait la paix avec monseigneur, Guillaume, comte de Ponthieu et de Montreuil, ainsi qu'il suit : Je le servirai comme mon seigneur, fidèlement comme je le dois; je ne tenterai contre lui aucune prise d'armes aussi longtemps qu'il respectera mon droit et celui des

miens, et pour cela je lui donne des ôtages *(plegias)*. »
Suivent les noms des ôtages [1].

Un traité fait à Boubers, la même année, entre les mêmes seigneurs, porte que Thomas de Saint-Valery devra entretenir le port de cette ville dans l'état où il se trouvait du temps de Bernard, son père [2], et il fut fait accord entre eux, dit le père Ignace, *touchant l'abord des navires à leurs ports et pasturages.*

Guillaume III, avait épousé Alix, sœur du roi Philippe-Auguste, qui avait eu en dot tout ce que le roi possédait à Saint-Valery et aux alentours, à l'exception de la *régale de l'abbaye de Saint-Valery*, et Thomas, est-il dit dans les notes de M. Devérité, fait foy et hommage à son beau-frère, le comte de Ponthieu, de le servir contre tous, excepté les rois de France et d'Angleterre, ses cousins. Il lui donna pour pleiges Guillaume, de Cayeux, et autres de ses vassaux.

Thomas resta dès ce moment fidèle ami de Guillaume. Les villes de la Somme étant devenues le théâtre de la guerre déclarée entre Philippe-Auguste et Richard, Guillaume de Ponthieu et Thomas de Saint-Valery, se concertèrent pour servir les intérêts du roi de France contre l'ennemi commun; ils inquiétèrent par de fréquentes attaques, les terres de Richard, en Normandie et mirent le siège devant

---

[1] Ducange. Loc. cit, 332. 126.
[2] Ducange. *Ex chartulario Pontivi.*

Aumale. Richard averti que le Ponthieu était dégarni de troupes et qu'il y avait dans le port de Saint-Valery des bâtiments chargés de blé et d'autres provisions, fit une descente sur la côte de Cayeux, se précipita à l'improviste sur la place de Saint-Valery, brûla les navires, fit pendre les matelots et livra la ville au pillage. L'abbaye n'échappa même point à sa furenr, il la dévasta entièrement et, après s'être emparé du corps de Saint-Valery, qui avait été réintégré dans son tombeau par Hugues Capet, il l'emporta dans son duché de Normandie et le déposa dans une église située proche de la mer, et qui, du nom de ces reliques, s'appela depuis Saint-Valery-en-Caux.

Le roi Philippe-Auguste tint compte à Thomas des pertes qu'il avait éprouvées à cette occasion, et celui-ci reconnut tenir de lui en fief la seigneurie de Saint-Valery, l'avouerie des terres de l'abbaye, ainsi que les châteaux d'Ault, de Domart et de Bernaville.

Mais la rivalité entre Richard et Philippe-Auguste n'était point terminée; leurs dissentiments éclataient plus violents. Richard détesté et méprisé de ses sujets, s'efforça de susciter à son rival des ennemis sur le Continent. Philippe vit se former contre lui une ligne redoutable; il appela à lui les milices des communes et Guillaume comte de Ponthieu ne fut point le dernier à répondre à cet appel.

A la nouvelle des luttes qui se préparaient avec

l'ennemi de la France, Thomas assemble ses gens de Saint-Valery, de Gamaches et du Vimeu, au nombre de cinquante, tous braves, remplis de force, dit Guillaume le Breton, munis de bonnes armes, fidèles en toute chose à leur seigneur, qui avait pris soin de les choisir dans tout son peuple pour les associer à son expédition avec soixante chevaliers [1]. Cette petite troupe intrépide et vaillante, commandant deux mille soldats, concourut puissamment au succès de la bataille qui fut livrée entre les Français et les Anglais aux champs de Bouvines. Le comte de Salisbury, à la tête de sept cents hommes, se trouvait au centre de l'armée ennemie qu'il électrisait par son courage; il tenait l'affaire en suspend. Thomas, de Saint-Valery l'aperçoit; à la tête de sa vaillante troupe, il se lance sur l'audacieux Anglais et sur ses brabançons, les taille en pièce sans perte très grande des siens. « Chose étonnante, poursuit Guillaume le Breton,
» lorsqu'après cette victoire, Thomas compta le
» nombre des siens, il n'en trouva de moins qu'un
» seul, qu'on chercha aussitôt et qu'on trouva
» parmi les morts. Il fut porté dans le camp du roi.
» Dans l'espace de peu de jours, des médecins le
» guérirent de ses blessures et le rendirent à la
» santé [2]. »

M. Lebœuf, cite à propos de cet acte de bravoure

---

[1] Guillaume le Breton. Tom XII, page 341.
[2] *Gesta Philippe-Auguste*, page 220.

de Thomas et des siens, les lignes suivantes dont il ne donne pas l'origine :

« Voici que vient Thomas de Saint-Valery, le
» noble héritier, maître de Gamaches, des villages
» et de plusieurs corps de troupe qu'il a sous lui;
» illustre par son pouvoir, plus illustre par sa nais-
» sance. Il prépare cinquante chevaliers pour la
» guerre, et je ne compte point ses deux mille sol-
» dats, à l'âme intrépide et au bras vigoureux[1]. »

De retour dans ses domaines, Thomas fonda la collégiale de Gamaches. Il y a apparence, dit le mémoire manuscrit pour l'*Histoire de Saint-Valery*, que ce fut lui qui bâtit le château de cette ville, assiégé pour la première fois en 1358. On peut lire dans Rigordus et dans Guillaume le Breton, les hauts faits de ce seigneur : ils l'appellent un chevalier noble, vaillant et puissant, recommandable par son courage et instruit dans les lettres.

On ne dit pas où et quand il mourut.

Sa fille nommée Aenor, épousa, vers l'an 1207, Robert, surnommé Gastebled, comte de Dreux et de Montfort, qui descendait en droite ligne de la maison de France, par Robert, quatrième fils de Louis VII dit *le Gros*. Celui-ci adopta, dit M. Darsy,

---

[1] *Hinc sancti Thomas Galerici nobilis heres Gamachus dominans, vicosque et plurima sub se castra Tenens, clarus dominatu, clarior ortu; quinquagenta parat equites in bella, clientes mille bis, audaces animis et robore fortes.....*

La ville d'Eu. Désiré Lebœuf, page 116.

Gamaches et ses seigneurs. M. Darsy, page 60.

les armes de la dame Agnès de Braine, sa femme, et elles restèrent celles de la famille : *échiqueté d'or et d'azur, à la bordure de gueules* [1].

C'est ainsi que la seigneurie de Saint-Valery passa dans la maison de Dreux.

[1] *Gamaches et ses seigneurs.* M. Darsy, page 71.

IX

Par le mariage d'Aénor de Saint-Valery avec Robert de Dreux, la ville de Saint-Valery se trouva privée de ses comtes qui, depuis plus de trois siècles, habitaient son château. La ville avait grandi en importance et en étendue; son port qui était à cette époque un des meilleurs et des plus sûrs de la Manche, trafiquait avec toutes les contrées maritimes ; on y voyait aborder les navires de toutes les parties du monde avec lesquelles on pouvait commercer [1]. C'était là qu'arrivaient tous les vins du Poitou, tous les sels du Brouage, tous les cuivres d'Angleterre. L'Espagne y envoyait ses laines, la Hollande ses fils de lin; tous les produits du Levant lui arrivaient par les navires de la Méditerranée. Une grande partie de ces marchandises étaient transbordées sur des gribannes ou sur des charrois qui les transportaient dans plusieurs villes du royaume. D'autres navires n'arrêtaient pas à Saint-Valery et

---

[1] En 1178, le vaisseau qui portait le chancelier d'Angleterre, périt à l'entrée du port de Saint Valery.   H. DUSEVEL.

passaient outre pour monter à Abbeville. Dans ce cas, ceux-ci s'arrêtaient préférablement au château du Crotoy. C'est ce qui fut cause de fréquents différents entre les comtes de Ponthieu et les seigneurs de Saint-Valery. Nous avons vu que du temps de Bernard II, il en était résulté des conflits meurtriers, qui se reproduisirent encore sous la domination de Thomas de Saint-Valery. Robert de Dreux, jaloux aussi de ce qu'il appelait ses droits, avait voulu établir un *droit de travers* sur les vaisseaux venant de la mer et passant à Saint-Valery pour se rendre à Abbeville; mais le comte de Ponthieu s'y était obstinément refusé et Robert de Dreux avait été obligé de se désister de ses prétentions [1].

Les habitants, qui avaient obtenu une charte de Guillaume III de Ponthieu, s'étaient constitués en commune. Entre autres redevances, ils devaient chaque an à leur seigneur un septier d'avoine pour son écurie et un chapon pour sa cuisine.

Ils dépendaient, pour la justice, de l'archevêque de Reims; ils étaient obligés de venir plaider à sa cour, sans doute, dit M. Louandre, comme vassaux de Robert de Dreux, vassal lui-même de l'archevêque.

Si quelqu'un commettait un meurtre, ou une blessure avec effusion de sang, il était tenu de

---

[1] *Histoire d'Abbeville.* Louandre, tom Ier, page 313.

payer soixante sous; mais pour toute blessure faite *à sang courant*, il était banni et sa maison était abattue.

La nomination du maire se faisait parmi trois candidats que présentaient les capitaines d'escouades et les chefs de métiers, au bailly du seigneur, à qui était délégué le droit de choisir et de nommer.

D'après Ragueneau, les bourgeois de Saint-Valery étaient bourgeois fieffés, c'est-à-dire qu'ils tenaient leur maire et leur commune en fief de leur seigneur [1].

L'abbaye continuait de grandir en richesses. Les aumônes et les pèlerinages lui rapportaient considérablement; elle avait en outre le cinquième denier sur les ventes et mutations d'immeubles qui se faisaient à Saint-Valery ou ailleurs de leur dépendance. Entre autres droits, et ils étaient innombrables et incompréhensibles, les abbés avaient celui d'empêcher les nouveaux mariés de cohabiter ensemble. Plus tard cet abus cessa sur l'intervention de Jeanne de Dreux, comtesse de Saint-Valery [2].

Les moines firent, vers cette époque, construire un moulin à eau contre la falaise de Moulenelle, sur un petit ruisseau, sans doute l'Amboise, qui se jetait en cet endroit dans la mer. Il était à l'usage de l'abbaye avec droit de bannalité. Plus tard, ils l'affermèrent 72 liv. par an.

1 *Glossaire du droit français.* Tom 1er, page 180.
2 *Trésor des chartes du roi.* Histoire de Dreux.

C'est vers le même temps qu'on rapporte une donation de seize journaux de terre avec un bois situé à la Neufville, faite par Hugues de Fontaines à l'abbaye de Saint-Valery.

Le bon accord ne régnait point toujours entre les deux pouvoirs civil et religieux. Les moines étaient peu admirateurs des droits conférés par les chartes aux bourgeois, et ils saisissaient toutes les occasions de le leur faire sentir. Les bourgeois blessés de ce dédain et fiers des privilèges qu'ils considéraient comme légitimement acquis, rendaient aux moines le mépris dont ils les abreuvaient : il résultait de cette disposition hostile des esprits dans les deux ordres, une fermentation qui amenait souvent des querelles et quelquefois des voies de fait.

Pendant que Robert était seigneur de Saint-Valery, ces querelles devinrent si fréquentes et si vives, que les moines ne sachant plus quels moyens employer pour triompher de leurs adversaires, prirent le parti de les excommunier. Les bourgeois n'en furent pas plus dociles; ils se moquèrent des foudres ecclésiastiques, ce qui les fit suspecter d'avoir trempé dans les hérésies qui, à cette époque, avaient déjà quelque retentissement dans les provinces du Nord. Un jour les bourgeois surexcités prirent le parti de ne plus laisser sortir les moines. Le mayeur, les échevins et les autres notables suivis de la population, cernent l'abbaye et leur coupent les vivres.

Les religieux n'ont d'autres ressource que de sortir processionnellement dans la croyance qu'ils en imposeront à la multitude; mais ils sont assaillis à coups de bâton et de pierre et obligés de se réfugier dans le presbytère de l'église Saint-Martin, où les assaillants les tiennent encore cernés et privés de vivres pendant plusieurs jours.

Les religieux affamés et n'en pouvant plus, s'humilient et demandent qu'on leur donne des vivres; les bourgeois n'en sont que plus acharnés : ils leurs font porter des ordures et amassent du bois pour, disent-ils, faire rôtir les moines. Le mayeur et son conseil formant alors avec le peuple une longue procession, font plusieurs fois le tour de l'église et du presbytère en proférant de grands cris *et aspergeant d'une eau impure et maudite les lieux consacrés au fondateur de toutes choses et au collège des saints.* Puis ils brûlent les portes de l'église et livrent aux flammes l'image de la Vierge et celle de saint Jean.

L'histoire ne dit pas comment les moines se tirèrent de là; mais le pape Grégoire IX, informé de ces faits, porta des plaintes au roi Saint-Louis [1], à Robert de Dreux, comte de Saint-Valery et à l'archevêque de Rouen. La bulle pontificale appelle une répression sévère contre les bourgeois, les échevins et les mayeurs qui, sans respect pour

---

[1] Au mois de juillet 1233, le pape écrivit à Saint-Louis pour l'engager à venger les injures faites à Dieu, à la sainte Vierge et à l'abbaye de Saint-Valery, par le maire et les jurés de cette ville. (*Cabinet des Chartes.* C. C. 247.)

l'ordre monastique, ont osé se porter à des excès de la plus grande gravité. Robert, en sa qualité d'avoué, fut tenu de faire droit aux injonctions du souverain pontife[1]. Un conseil composé de l'archevêque de Rouen, de Geofroy, évêque de Beauvais et Thibaut, archidiacre d'Amiens, s'assembla et après la cause entendue, prononça contre les habitants de Saint-Valery et les condamna en réparations et dommages intérêts et amendes pécuniaires. De plus Robert déclara la ville déchue du droit de commune. « L'abbé de Saint-Valery, est-il dit dans cet acte de déchéance, a reçu du saint père le droit de juger et de punir la commune et ses officiers. Robert est obligé de lui prêter assistance en sa qualité d'avoué; et, pour rendre impossible à l'avenir toute tentative des gens de la commune contre l'abbaye, il est décidé que le maire de Saint-Valery sera nommé par l'abbé, si toutefois l'abbé consent à ce qu'il y ait un maire, et en outre que la commune ne pourra prendre cloche au beffroi que sur les terres tenues en fief de l'abbaye. »

Mais les moines, qui ne pouvaient vivre d'accord avec l'autorité civile, ne conservaient même point la bonne intelligence entre eux. Ils se livraient fréquemment à des actes de rébellion qui les déconsidéraient dans l'esprit de la bourgeoisie. Un jour raconte l'ingénieur Coquart, ils se rebellèrent contre leur abbé, le

---

[1] *Don Grenier*. 28ᵉ paquet, n° 2, 1234.

chassèrent du monastère et le conduisirent jusqu'à un carrefour où ils le maltraitèrent. L'autorité ecclésiastique sévit contre les plus mutins et obligea les autres à édifier sur le carrefour une croix de pierre qui porte encore le nom de *Croix l'abbé*[1].

Afin de donner plus d'autorité aux abbés, le pape Innocent IV, permit, en 1246, à Gelduin abbé de Saint-Valery et à ses successeurs, de porter mître, anneau, dalmatique, sandales, gants et autres ornements pontificaux, comme les évêques.

Le comte Robert n'était pas souvent à Saint-Valery. Il s'allia avec le comte Guillaume de Ponthieu et à son oncle Philippe, évêque de Beauvais, pour marcher contre les Albigeois hérétiques. A son retour, il vint cependant à Saint-Valery et réglementa quelques affaires : entre autres, il stipula avec Guillaume que les vaisseaux de la mer, de quelque lieu qu'ils vinssent, pourraient, dans la baie de la Somme, librement accéder *à quel port ils voudroient;* que le seigneur de Saint-Valery ne leverait rien sur les marchandises qui seraient conduites à *sous-marées*, par terre, ou par la grève du Crotoy, vers le Ponthieu.

Parmi les droits du seigneur, il y en avait d'arbitraires, mais il y en avait aussi de ridicules ou qui ne se rattachaient à aucune raison connue. Ainsi, en 1219, Robert ordonna par lettres patentes, que

---

[1] *Projet d'établissement d'une retenue propre à déboucher le port de Saint-Valery-sur-Somme.* **Coquart.**

toutes les fois qu'il séjournerait à Dieppe, on serait tenu de lui faire crédit pendant quinze jours de dix livres monnaie usuelle[1].

Robert qui avait refusé de servir le roi d'Angleterre dont il était le vassal, parce qu'il était l'ennemi de la France, perdit, par ce fait, toutes les seigneuries qu'il possédait en Angleterre du chef d'Aenor sa femme. Mais, en reconnaissance de sa fidélité, Saint-Louis lui donna, par lettres datées de Vernon, en juin 1227, d'autres terres en Normandie[2].

Aenor demeura héritière de sa maison. Outre la ville de Saint-Valery, elle avait apporté à son mari les seigneuries d'Ault, de Gamaches, de Bouin, de Domart, de Saint-Aubin, de Bernaville et d'autres belles terres.

Robert mourut le 3 mars 1233, laissant ses domaines à son fils Jean, premier du nom, comte de Dreux.

---

[1] ENCYCLOPÉDIE. *Crédit.* Droit de crédit.
[2] *Gamaches et ses seigneurs.* M. Darsy, page 72.

X

La ville de Saint-Valery, placée dans d'heureuses conditions de prospérité, avait à lutter contre deux puissances qui entravaient son essor. Le seigneur y exerçait un pouvoir arbitraire qui nuisait à toutes les transactions commerciales; des droits énormes étaient imposés sur la navigation et le commerçant était en outre obligé de payer pour les marchandises qui entraient dans ses magasins. Ce n'était pas tout, l'abbaye venait ensuite réclamer sa part dans les redevances : le vin, la viande, le beurre, les toiles, toutes les denrées possibles devaient la dîme à l'abbé. A Saint-Valery, comme dans les autres ports de pêche, le pêcheur était tenu de payer par an une taxe en poissons et surtout en harengs frais et salés [1]. Les boulangers qui cuisaient du pain biscuit pour les approvisionnements maritimes [2]

---

[1] Louis IX donna aux monastères du royaume jusqu'à 78,000 harengs par année.

[2] *Rebus, aquis, armis biscoto pane meroque immuneras onerat naves.* (Philippide, ch. IV.) GLOSSAIRE DE DUCANGE, au mot *pain*.

en devaient aux moines de l'abbaye, qui les détrempaient dans l'eau chaude pour les amollir. Les moines s'enrichissaient; les biens de l'abbaye étaient immenses; mais les bourgeois étaient pauvres et traînaient péniblement leur existence sous les charges qui les accablaient.

Les comtes de Dreux, qui possédaient la seigneurie de Saint-Valery, se succédaient sans qu'on les vit beaucoup à Saint-Valery. Jean Ier qui avait succédé à son père Robert, en 1240, avait été placé pendant sa minorité, sous la tutelle d'Aenor sa mère. Lorsqu'il eut atteint sa majorité, il épousa Marie, fille d'Archambault VIII dit *le Grand*, sire de Bourbon, sa parente au cinquième degré.

M. Louandre dit que c'était un homme très lettré, qu'il composa des *jeux partis* ou débats en vers sur l'amour. Comme les jongleurs et les trouvères, il avait disputé la couronne au pays d'amour et il est qualifié *li rois* dans les manuscrits qui renferment ses poésies [1].

Jean confirma en février 1246 tout ce que ses prédécesseurs avaient fait relativement aux droits de commune des villes et villages de ses domaines. Vers le même temps, comme il se trouvait à Saint-Valery, il s'enquit de l'objet d'une contestation qu'il avait avec Marie, comtesse de Ponthieu, relativement à la justice des villes d'Abbeville et de

---

[1] *Histoire d'Abbeville*. M. Louandre, tom Ier.

Saint-Valery. Ils convinrent unanimement de s'en rapporter à deux arbitres, Jean de Friaucourt et Jean de Toflet. L'histoire ne dit point comment la chose fut jugée.

Jean ne vécut point longtemps après cette affaire, car il mourut en 1248. Son fils Robert IV lui succéda. On ne sait de celui-ci rien autre chose que son mariage avec Béatrix de Montfort l'Amaury; c'est de son temps que le Ponthieu passa sous la domination anglaise, par le mariage d'Edouard Ier, roi d'Angleterre avec Eléonore de Ponthieu ; il mourut en 1283.

Son fils Jean II, surnommé *le Bon*, à cause de la douceur de son caractère, est plus connu. Celui-ci fit quelque bien à la ville de Saint-Valery. Dévoué au service du roi de France, Philippe-le-Bel, dont il était le chambrier, il appela sa bienveillance sur cette ville qui fut gratifiée de quelques immunités et privilèges dont elle avait besoin pour tenir tête aux gens de l'abbaye. Cette sollicitude fut poussée si loin qu'elle lui fit renouveler la querelle de ses pères avec les comtes de Ponthieu : il plaida en 1306 devant le parlement de Paris pour que les navires à destination d'Abbeville fussent tenus de faire siége à Saint-Valery et d'y payer un droit; mais il fut débouté de sa demande par arrêt de cette date. Jean avait épousé Jeanne de Beaujeu et, en secondes noces, Peronnelle de Suilly, veuve de Geoffroy comte de Chatellérault; il mourut en 1309, laissant trois fils, Robert, Jean et Pierre, qui se succédèrent dans la seigneurie de Saint-Valery.

Robert V parut peu à Saint-Valery : il y fut appelé au mois d'août 1310, pour régler un différend survenu, à cause de cette terre, entre lui et Edouard II roi d'Angleterre, qui avait pris possession du comté de Ponthieu comme successeur de sa mère Eléonore, morte en 1290. Dix ans après, il vendit à l'abbé et au couvent de Saint-Valery, tous les droits qu'il avait sur leurs hommes et tenants avec la haute justice et vicomté de la ville de Warmeru (*Woignarue*), pour le prix de 3,280 livres parisis [1].

Robert avait épousé Marie, fille de Gauthier, seigneur d'Enghien et d'Yolande de Flandres, à laquelle il fit don du quint de ses terres situées à Saint-Valery, Ault, Gamaches, Domart et Bernaville, en stipulant que si elle mourait sans enfants soit de lui, soit d'autre mari après sa mort, le quint donné appartiendrait à Robert de Dreux, seigneur de Beu, son cousin [2].

Ces détails seraient étrangers à l'histoire de Saint-Valery, si les faits et gestes de ses seigneurs n'importaient pour l'explication des vicissitudes si fréquentes qu'éprouva cette ville sous le régime féodal.

Philippe de Valois étant monté sur le trône de France en 1328, avait sommé le roi d'Angleterre,

---

[1] *Gamaches et ses seigneurs*. M. Darsy, p. 85.
[2] *Id.* p. 86.

Edouard III, qui lui avait disputé la couronne, de venir lui rendre hommage comme vassal pour le duché de Guyenne. Edouard avait dû, malgré lui, obéir à cette injonction de son suzerain et avait prêté hommage, le 6 juin 1329, dans la cathédrale d'Amiens. Mais furieux d'avoir courbé le genou devant le roi de France et instigué par les ennemis de celui-ci, il chercha les occasions de faire éclater son mécontentement et il s'occupa de l'armement d'une flotte considérable. Des matelots français s'étant pris d'injures avec des matelots anglais, des rixes sanglantes eurent lieu; c'était un prétexte; les deux rois se mêlèrent de la querelle qui, à la fin, amena une rupture. Le roi d'Angleterre cité encore une fois au parlement de Paris pour la même cause, refusa d'y comparaître; Philippe de Valois déclara le duché confisqué. C'était le signal de la guerre; les Français ayant repris la Guyenne, le roi d'Angleterre dont les armements étaient prêts, fit voile pour les côtes de France; Philippe de Valois, pour lui montrer qu'il était aussi puissant que lui sur mer, avait aussi fait équiper une flotte de tous les navires qu'il avait pu trouver dans les ports de la Manche depuis la Seine jusqu'au Pas-de-Calais. La ville de Saint-Valery y fournit trois cent seize hommes qui furent répartis sur quatre navires[1]. La flotte aux ordres de Hugues

[1] Les quatre navires de Saint-Valery étaient commandés par Jehan de la Gove, seigneur, et Jehan le Bruiant, maître, 79 hommes; par Witasse Doffeu, seigneur, et Guillaume Marchant, maître, 79

Quieret, amiral de France et de sir Nicolas Behuchet, conseiller au roi, appareilla et rencontra celle d'Angleterre en vue du port de l'Ecluse en Flandres. Elles se livrèrent un combat terrible dans laquelle les Français perdirent quatre-vingt-dix navires pris, brûlés ou coulés et de vingt-cinq à trente mille hommes de troupes.

On ne dit pas qu'elle fut la part de Saint-Valery dans ces pertes et si ses quatre navires revinrent.

L'art de la navigation avait, à cette époque, fait un grand pas : la fièvre des croisades en nécessitant l'embarquement d'un grand nombre de gens de guerre, avait porté l'attention aux constructions maritimes; les navires avaient pris un certain degré de force et de grandeur : généralement très longs, peu profonds, à fond plat, ils n'exigeaient qu'un faible tirant d'eau; ils n'avaient qu'un seul mât qu'on enlevait à volonté et ils se manœuvraient à la rame aussi bien qu'à la voile. Ainsi gréées ces immenses caraques pouvaient contenir jusqu'à quinze cents hommes armés. La flotte de Philippe de Valois, composée, dit-on, de plus de dix huit cents voiles, n'était sans doute qu'un assemblage de tous les navires employés pour le commerce et pour la

---

hommes; par Gauthier Bruiant, seigneur, et Bertaut le Carpentier, maître, 99 hommes; par Jean Postel, seigneur, et Henri Postel, maître, 59 hommes. (*Abrégé des Annales du commerce de mer d'Abbeville,* par M. Traullé.)

pêche et que le propriétaire était obligé de livrer pour le service du roi[1].

A cette époque, le port de Saint-Valery se livrait à la pêche de l'anon et de l'anoncelle, nommés depuis églefin[2]; l'esturgeon, le hareng, le cabillaud, la plie et le maquereau y faisaient aussi l'objet d'une pêche très abondante. Ces pêches se faisaient alors au-delà du Pas-de-Calais sur le *dogger-banck*. Les Anglais qui apportaient à Saint-Valery des métaux prenaient en échange des barils d'esturgeon salé[3].

La destruction de la flotte française au combat naval de l'Ecluse, ouvrait à Edouard les portes de la France. Il put sans empêchement arriver sur les côtes de la Normandie avec une flotte de quatre vingts voiles portant des troupes de débarquement. La descente eut lieu en deux parties, à l'embouchure de la Bresle, vers Mers et sous la falaise de Ménival.

Les habitants d'Eu, dit M. Darsy, après avoir reçu la bénédiction de Jean de Cherchemont, évêque d'Amiens, qui se trouvait alors dans leur ville, se joignirent à ceux du Tréport et de Mers et attaquèrent l'ennemi assez vivement pour le forcer à

---

[1] Jusqu'à la fin du xvi⁰ siècle, la plupart des vaisseaux dont on composait les flottes étaient ceux-là mêmes dont les marchands se servaient pour leur commerce et qui, changeant d'objet, changeaient aussi de nom et s'appelaient *Vaisseaux de guerre*. (*Histoire de la milice française sur mer*, par le père Daniel, page 440.)

[2] *Glossarium novum ad scriptores medii ævi*. Ducange, V, 553.

[3] *Histoire générale des pêches*. Nal de la Morinière.

se rembarquer après avoir perdu une quarantaine d'hommes.

Il paraît néanmoins qu'un parti d'Anglais avait pu pénétrer dans l'intérieur ou bien qu'une autre descente eut lieu sur un autre point de la côte, car, incontinent après cette affaire, les Anglais se répandirent dans les campagnes du Vimeu, brûlèrent quelques villages et se présentèrent devant la place de Saint-Valery dont ils ruinèrent les alentours et entre autres le moulin à eau du Molenel qui avait été jusqu'alors respecté, parcequ'il appartenait à l'abbaye. Les habitants firent bonne contenance et forcèrent les assiégeants à se retirer, après leur avoir fait perdre beaucoup de monde; puis, pour se mettre à l'abri d'une nouvelle surprise, ils réparèrent leurs murailles et firent fortifier Cayeux et quelques autres points de la côte. En considération de cette belle défense et des pertes éprouvées par les habitants dans leur longue résistance, le roi Philippe leur octroya un impôt à prendre pendant trois ans sur tous les chargements de vin qui accéderaient à leur port[1].

Robert V mourut en 1329 et la seigneurie de Saint-Valery passa à son frère Jean III qui épousa Ide de Rosny après sa mort, en 1331; cette dame

---

[1] Pour considérations est-il dit, dans les lettres du monarque, des grands pertes et dommages quels ont eu de leurs gens, vaisseaux, denrées et marchandises et autres biens, tant en mer comme en terre, par nos ennemis. (*Tiré des ordonnances des rois de France.*)

G. DUSEVEL.

fut comtesse de Saint-Valery, d'Ault et de Gamaches. Pierre de Dreux, frère de Jean, fut néanmoins considéré comme seigneur de Saint-Valery. Il avait épousé Isabeau de Melun; il mourut en 1345.

Pendant ce temps, la guerre avec l'Angleterre continuait et jetait la désolation dans le pays de Vimeu et dans le commerce du port de Saint-Valery. En 1346, Edouard III ayant fait en personne une descente sur les côtes de Cherbourg, traversa toute la Normandie en la ravageant; il arriva ainsi dans le Vimeu, mais plutôt en fugitif qu'en vainqueur, car, acculé vers la mer et la Somme, il sentait derrière lui venir le roi Philippe de Valois avec des forces considérables. Après s'être emparé d'Oisemont, il envoya plusieurs officiers reconnaître le pays. Godefroy d'Harcourt avec un grand nombre de gens d'armes et d'archers s'approcha des portes de Saint-Valery. La place était défendue par le comte de Saint-Pol et Jean de Huy : ils accueillirent les Anglais par une nuée de flèches, et les assaillants, malgré leur nombre et leurs efforts, furent obligés de se retirer.

Le lendemain, les Anglais conduits par un traître nommé Gobin Agache, passaient la Somme au gué de Blanquetaque et allaient donner la funeste bataille de Crécy, qui ne fut perdue que par la trop grande impétuosité des Français. Les Anglais furent assiéger la place de Calais qui se défendit noblement. Les habitants du Ponthieu s'armèrent pour aller au secours de cette ville : l'amiral de France, Floton de Revel, équipa une flotte à Saint-Valery et donna l'ordre aux négociants de la ville de lui fournir un certain nombre de navires, et, comme quelques-uns paraissaient hésiter à le faire, il les menaça de les faire arrêter et de saisir leurs biens. Ces actes d'autorité arbitraire étaient positifs, les négociants se soumirent; la flotte fut équipée et quitta le port dans les premiers jours de novembre 1346; mais, ayant rencontré des forces supérieures avant d'arriver à Calais, elle fut battue et ses débris vinrent se réfugier au Crotoy.

Philippe de Valois mourut bientôt : son successeur, l'infortuné roi Jean qui lui succéda en 1350, eut la douleur de voir les maux de la France parvenus à leur comble. La bataille de Poitiers plus fatale encore que celle de Crécy, livra ce monarque aux Anglais. Le Dauphin qui depuis fut le sage Charles V et fut nommé régent de France pendant la captivité de son père, se trouva dans l'obligation d'appeler à son secours le roi de Navarre, qui, au lieu de le protéger, lui disputa bientôt le royaume et excita partout le peuple à la rébellion. Il eut des partisans en Picardie, mais ceux-ci ayant voulu s'emparer d'Amiens, en furent repoussés avec perte, ainsi que plusieurs de leurs officiers. Les Navarrois commandés par Jean de Picquigny, se réfugièrent vers Saint-Valery dont ils parvinrent à s'emparer. Le roi de Navarre y mit pour capitaine, c'est-à-dire pour gouverneur, messire Guillaume de Bonnemare et Jean de Seguere [1].

Le château de Saint-Valery bâti par Thomas en 1200, était, s'il faut s'en rapporter à Belleforest, une forteresse de grande importance, qui mérita plus tard le nom de *clé du Vimeu*. Le mémoire manuscrit pour l'*Histoire ecclésiastique et civile de Saint-Valery*, croit pouvoir conjecturer qu'alors la ville n'était point encore fermée de murailles et que Jean de Picquigny n'occupa que le château.

« Les gens du roi de Navarre, prirent le chastel
» de Saint-Vallery, où ils eurent garnison de cinq
» cents combattants qui courroient tout le pays,
» jusqu'à Dieppe et environ Abbeville, selon la
» marine jusqu'aux portes du Crotoy et de Mon-
» treuil, sous le règne du roi Jean qui mourut en
» 1364 [2].

On sentit bientôt la nécessité de mettre un terme à tant de ravages, car le commerce du pays, et particulièrement celui d'Abbeville, qui, au dire de Froissart, prenait à Saint-Valery la plus grande partie de sa subsistance, en souffrit considérablement; le siège fut résolu. Morel de Fiennes et Gui de Saint-Pol, à la tête des milices de Lille, Arras, Douai, Béthune, Saint-Quentin, Péronne, Saint-Omer, Amiens, Rue, etc., formant en tout deux mille chevaux et douze mille hommes, se

---

1 *Histoire de France*. Froissart.
2 *Mémoire pour l'Histoire ecclésiastique et civile de Saint-Valery*.

réunirent et vinrent cerner la ville[1]. On fit venir d'Abbeville et d'Amiens des machines de guerre qui jouèrent contre la place et causèrent de graves dommages aux assiégés, ceux-ci qui étaient munis d'artillerie, canons et espingoles, répondirent par un feu bien nourri qui fit grand tort aux milices; selon Froissart, « il y en avoit de blessés et navrez, à la fois des uns et à la fois des autres. » Les Navarrois n'étaient guère plus que trois cents dans la place, mais ils forçaient les habitants à combattre sous leurs ordres et multipliaient ainsi leurs moyens de défense.

Les assiégeants renonçant à prendre la place de vive force, résolurent de la réduire par famine; ils en cernèrent les abords et coupèrent toutes les communications. Cela dura sept mois, depuis août 1358 jusqu'en mars 1359. Cependant Jean de Picquigny parvint à faire savoir l'état des choses à Philippe de Navarre, frère de Charles-le-Mauvais; mais, n'en recevant point de réponse, il capitula à la condition que lui et les siens pourraient partir et aller quelque part qu'ils voudraient leurs vies sauves et sans nulle armure[2].

Les Navarrois sortirent de la place, mais à peine en étaient-ils éloignés de trois lieues, qu'ils rencon-

---

3 Le connétable de France, Morel de Fiennes, assiégea Saint-Valery que détenaient les Anglais et où ils avaient brûlé l'abbaye, et les força à s'éloigner de cette ville. (*Continuateur de Nangis*, tom 2, in-8°. Paris, 1843, page 282.)   Note de M. DUSEVEL.

1 *Mémoire pour l'Histoire civile et ecclésiastique de Saint-Valery.*

trèrent Philippe de Navarre à la tête d'un corps considérable de troupes. Les Dauphinois, qui étaient entrés dans Saint-Valery, s'y maintinrent malgré les efforts des Navarrois pour les en déloger.

Comme nous venons de le dire, Isabeau de Melun, veuve de Pierre de Dreux, était alors douairière de Saint-Valery; elle avait eu de son mariage Jeanne de Dreux, qui naquit à Gamaches en 1345 et mourut l'année suivante. La succession revenait à Jeanne de Dreux, sœur de son beau-père, Jean II, laquelle épousa Louis, vicomte de Thouars, à qui elle porta la Seigneurie de Saint-Valery.

Le régent avait été peu satisfait du coup de main opéré par les Navarrois sur la place de Saint-Valery; il réprimanda la dame douairière de n'avoir pu la défendre, et, pour la punir, il confisqua ce domaine et le remit à Jean d'Artois, comte d'Eu, descendant de saint Louis, qui avait épousé Isabeau de Melun, veuve de Pierre. Il se présenta ensuite en armes devant la ville, sommant les habitants de lui ouvrir leurs portes. Une nouvelle lutte allait s'engager sous les murs de l'abbaye; mais sur ces entrefaites, le traité de Brétigny ayant rendu à la France le roi Jean, qui était prisonnier des Anglais, celui-ci fit remettre le château à Jean d'Artois, qui fut par ce fait seigneur de Saint-Valery.

Jean d'Artois étant mort, la seigneurie fut donnée à Mademoiselle de Dreux, première du nom, sa fille, épouse de Simon de Thouars, fils de Louis et de Jeanne de Dreux, qui fut tué le premier jour de ses noces, dans un tournoi à Eu, et pour le service duquel on affecta une rente de quatre-vingts livres sur la châtellenie de Saint-Valery. Sa veuve ne se remaria point et fut appelée *dame de Saint-Valery* [1].

Ces changements de maîtres étaient peu favorables à cette malheureuse ville, car chaque nouveau seigneur venait avec de nouvelles exigences. Jeanne de Dreux, pour subvenir aux frais de son mariage, leva des subsides extraordinaires sur les habitants et envoya des officiers pour les percevoir; mais les Valeriens ayant demandé l'intervention des Amiénois, ils en reçurent assistance et l'imposition en fut point payée [2].

Jeanne, voulant à toute force se procurer de l'argent, renouvela les prétentions des anciens seigneurs de Saint-Valery au sujet du *droit de travers* sur les bâtiments d'Abbeville, elle fit même arrêter Jehan de la Capelle et Guillaume, marins d'Abbeville, *refusans;* mais elle échoua comme ses auteurs.

Le traité de Bretigny donnait le comté de Ponthieu aux Anglais, mais les habitants de ce pays avaient horreur du joug de l'étranger et ils aspiraient l'occasion de le secouer. Edouard III ayant paru enfreindre les priviléges dont il avait juré la conservation, les Picards se mirent en rela-

---

[1] Dom Grenier, 16e paquet, n° 2. *Léuconaus.*
[2] *Hist. d'Abbeville.* M. Louandre, tom 1, page 193.

tions avec le roi de France, Charles V. Hugues de Châtillon, grand maître des arbalétriers, ayant, avec le secours des troupes municipales d'Abbeville, chassé les Anglais de cette ville, se présenta ensuite devant Saint-Valery, dont les habitants s'empressèrent d'ouvrir les portes. Ceux-ci fournirent ensuite leur contingent pour aider à poursuivre les ennemis. On les joignit au Pont-Remy où ils furent taillés en pièce. Le fils du comte de Saint-Pol, commandant de Saint-Valery, mérita, dans cette rencontre, d'être fait chevalier sur le champ de bataille. Bientôt les Anglais n'eurent plus dans le Ponthieu que la forteresse du Crotoy où ils se tinrent enfermés.

Pour remercier Dieu de ce succès, André, sire de Rambures, selon les titres de 1366, fonda une chapelle dans le château de Saint-Valery et trois autres à Cambron.

Mais les Anglais n'étaient point décidés à abandonner ainsi ce pays. La garnison du Crotoy inquiétait fréquemment Saint-Valery, sans cependant y causer grand dommage. En 1372, le duc de Lancastre reparut sur les côtes et opéra sa descente à Hautebut près d'Ault; il dépêcha Robert Knolles au Crotoy avec un renfort de troupes, et, à la tête de quinze cents hommes, il se jeta dans le Vimeu, s'empara de Gamaches et du château de Vismes et se présenta ensuite audacieusement devant la place de Saint-Valery [1]. La garnison était faible. Néanmoins,

---

[1] Froissart. Tom Ier, partie 2e, page 597.

confiante dans ses bonnes murailles, elle se défendit vaillamment et doubla ses forces en armant les habitants de bonne volonté. Les Anglais voyant qu'ils perdaient du temps et qu'ils ne parviendaient point à réduire la place, levèrent le siège pour se porter vers Pont-Remy, où ils passèrent la Somme.

XI

Pendant ces luttes, où le Vimeu et la ville de Saint-Valery furent si fréquemment attaqués par les ennemis de la France, les Valeriens se conduisirent si bien et donnèrent des preuves de tant de vaillance et de patriotisme, qu'il y avait justice à les en récompenser. Jean d'Artois et Isabeau de Melun, son épouse, leur rendirent les droits dont les avait privés l'ordonnance de saint Louis après les différends des officiers municipaux avec les moines de l'abbaye. Dans la charte qu'ils leur donnèrent en 1376, il accorda échevinage, ban-cloque, pilori, scel et banlieue. Il est dit, en outre, dans ce titre, que les chevaliers qui se rendront à Saint-Valery pour la guerre ou pour leur propres affaires, doivent payer leurs dépenses aux bourgeois, et en outre que tout chevalier débiteur d'un juré, qui vient à cheval dans la ville, ne peut être arrêté à cause de sa dette, aussi longtemps qu'il reste en selle; mais, s'il met pied à terre, le juré peut saisir son cheval et le vendre pour se payer de sa créance.

Hommage bizarre rendu par la *pédaille* des communes aux habitudes de la chevalerie [1].

La même charte porte en outre :

Toute blessure avec effusion de sang, toute menace de l'épée ou du couteau font perdre soixante sous.

La tranquille possession des maisons est garantie aux habitants.

Le maire peut recevoir qui bon lui semble dans la commune sans le consentement du bailly.

Les bourgeois ne paieront aucun droit pour les denrées à leur usage consommées dans la ville.

Les calomnies, les paroles injurieuses contre les officiers municipaux seront punies de deux sous six deniers d'amende,

Le sire de Saint-Valery a le droit de prendre un pot de bière sur chaque tonneau [2].

Les guerres avec l'Angleterre avaient anéanti le commerce de Saint-Valery, qui se faisait principalement par mer. Entre autres denrées d'exportation, on chargeait beaucoup de blé à Saint-Valery. M. Louandre nous dit, dans son *Histoire d'Abbeville*, que Guillaume duc de Bavière ayant un jour fait conduire au port de Saint-Valery cinq cents muids de blé que des marchands hollandais avaient acheté à Abbeville, huit cents bourgeois en armes se rendent aussitôt à Saint-Valery, s'emparent du blé

[1] *Histoire d'Abbeville*. M. Louandre. Tome I, page 193.
[2] Dom Grenier, 16ᵉ paquet, n° 2. *Leuconaus*.

qu'ils revendent, avec l'autorisation du maire, aux habitants et appliquent au besoin de la commune d'Abbeville le montant de la vente. Un procès s'engagea entre les marchands et les Abbevillois, dit M. Louandre, mais les marchands perdirent leur cause.

L'autorité des seigneurs de Saint-Valery s'était beaucoup affaiblie depuis qu'Aenor avait porté ce domaine dans la maison de Dreux. A la mort de Jean d'Artois en 1400, Saint-Valery passa à son neveu Charles d'Artois et ensuite à Bonne d'Artois sœur de Charles, laquelle, par son mariage en 1413 avec Philippe de Bourgogne, comte de Nevers, fit passer la seigneurie de Saint-Valery dans la maison royale de Bourgogne.

Mais les maux éprouvés par la ville de Saint-Valery n'étaient point finis; les Anglais qui se maintenaient dans la forteresse du Crotoy, continuaient à faire grand tort à la ville et à son commerce ainsi qu'à la culture des terres. Cet état de choses durait déjà depuis neuf ans; Duguesclin était apparu un instant dans le Vimeu où sa présence eût fait changer la face des événements s'il y fut resté; mais rappelé en Guyenne, où il y avait de grandes luttes avec les Anglais, il quitta le pays et se retira par Gamaches.

Jean d'Artois était alors encore seigneur de Saint-Valery et il n'avait rien négligé pour maintenir la place en état de défense. C'est de cette époque que date la confirmation qu'il fit de la charte donnée aux habitants d'Ault en 1340, par Mathieu de Trie, seigneur de Cayeux.

Les plaintes des habitants du pays éveillèrent l'attention du roi Charles VI; il envoya des troupes dans le Ponthieu avec la mission de se rendre maîtres de la forteresse du Crotoy. La milice de Saint-Valery et celle d'Abbeville se joignirent en 1385 à ces forces militaires : on cerna les Anglais et on les obligea par la famine, de rendre la place.

Mais Henri V en montant sur le trône, fut pris d'une velléité de suivre l'exemple de son père; il partit avec une armée et débarqua à Criel en Normandie, le 27 septembre 1413; quelques jours après, il passa la Bresle à Gousseauville près de Gamaches et vint coucher à Bailleul en Vimeu. Tout le pays fut dans la consternation. Les Anglais ravagèrent les campagnes et les mirent à contribution, puis ils se dirigèrent sur Saint-Valery dont ils s'emparèrent, ce qui doit nous faire supposer que l'état des fortifications était alors bien au-dessous de ce qu'en avait fait le seigneur Thomas.

Les Anglais laissèrent une garnison dans la ville; puis ils marchèrent sur Boismont dans l'intention de passer au gué de Blanquetaque. Mais le passage étant gardé, ils durent remonter la Somme pour chercher un passage plus facile. L'armée française, qui était à leur poursuite, les joignit à Azincourt où les mêmes fautes qu'on avait commises à Crécy eurent des résultats aussi funestes.

Pour comble de calamités, la haine des maisons d'Orléans et de Bourgogne divisait les forces de la France. L'assassinat de Jean-sans-Peur, duc de Bourgogne, par les partisans du Dauphin, alluma la guerre civile. Philippe-le-Bon, fils de la victime, prit les armes pour venger la mort de son père et reconnut Henri V, roi d'Angleterre, pour régent et héritier de la couronne de France.

Dans cette fatale division, la ville de Saint-Valery, occupée déjà par les Anglais, reçut en outre un parti de Bourguignons. Jacques d'Harcourt qui commandait au Crotoy, se rangea sous les drapeaux du Dauphin, et se mit à guerroyer avec avantage contre les Anglo-Bourguignons; il appela à lui les partisans du Dauphin. La Hire, Quieret, Saveuse, Poton de Xaintrailles, Rambures et Louis de Gaucourt répondirent à son appel. Xaintrailles se dirigea sur Saint-Valery qu'il eut l'honneur d'enlever aux Anglais malgré leur vive résistance.

Ce fut alors dans le Ponthieu, et surtout dans le Vimeu, une lutte à outrance entre les Dauphinois et les Anglo-Bourguignons. Les Anglais, qui étaient retranchés à Eu et à Monchaux, infestaient le Vimeu et faisaient des courses fréquentes en vue d'inquiéter la place de Saint-Valery; mais, un beau jour, la garnison de Gamaches ayant reçu un renfort de Compiègne, tomba à l'improviste sur les Anglais et leur tua sept cents hommes. Sur ces entrefaites, Henri V étant débarqué à Calais, se joignit au duc de Bourgogne : pendant trois ans la contrée fut ravagée par l'un et l'autre parti; Saint-Valéry ne fut plus que ruines.

Une bataille décisive était imminente pour faire cesser ces alternatives désastreuses. Philippe de Bourgogne sachant que les Dauphinois le cherchaient pour le combattre, partit de Saint-Riquier *le pénultième jour d'août* et se dirigea par Abbeville vers Oisemont. Les Dauphinois avaient projeté de passer le gué de Blanquetaque pour se joindre à Jacques d'Harcourt du Crotoy; mais lorsqu'ils y arrivèrent, la marée étant montée, ils ne purent effectuer le passage et durent rebrousser chemin vers Mons-Boubers, où ils se rencontrèrent avec l'avant-garde du duc de Bourgogne.

La bataille fut décidée, dit Monstrelet, « ils créérent plusieurs chevaliers; le duc étant arrivé, ils mirent tous les mieux armés et mieux montés au milieu de la bataille et se polvoient trouver de quinze à seize cents lances. » Le duc fit mettre ses gens en ordre et reçut le choc des Dauphinois, qui d'abord rompirent ses rangs et passèrent outre; mais ils se trouvèrent en présence des corps de réserve commandés par le seigneur de Saveuse et le bâtard de Coussy qui, se tenant fermes, mirent le désarroi parmi les assaillants auxquels les archers ne faisaient pas grâce aussitôt qu'ils les voyaient tomber à terre.

La déroute se mit parmi les Dauphinois, ils fuirent de tous les côtés et les Bourguignons se mettant à leur poursuite, en tuèrent un grand nombre et firent beaucoup de prisonniers. Le duc de Bourgogne prit de sa main deux nobles chevaliers. « La bataille fut bien combattue, dit Monstrelet, mais l'honneur et victoire en demoura au duc. » Il resta de six à sept cents hommes sur le champ de bataille. Après quoi le duc de Bourgogne retourna à Abbeville; un grand nombre de Dauphinois fugitifs avait trouvé à entrer à Saint-Valery et à s'y maintenir. Jacques d'Harcourt qui s'était avancé de ce côté à la tête de six à sept cents hommes, fut rencontré par un parti Anglais qui le battit et faillit le faire prisonnier. Le comte de Warvick, qui commandait les Anglais, s'empara ensuite de Gamaches et mit ainsi les alentours de Saint-Valery au pouvoir des ennemis.

La garnison de Saint-Valery était composée de la cavalerie de Picardie et de partie des soldats échappés au désastre de Mons-Boubers et à la prise du château d'Airaines. Chacun était à son poste pour résister aux attaques que les Anglais ne manqueraient point de diriger contre la ville. Cette attaque fut tentée en août 1422[1]; un détachement de cent cavaliers du régiment de Picardie sortit

---

[1] Une ville ne s'éleva réellement là qu'en 1422, époque à laquelle on y soutint plusieurs sièges, au rapport de Monstrelet et d'autres écrivains. Comme elle était exposée à des invasions continuelles, on l'entoura de fortifications, et son importance s'accrut à tel point qu'on la considéra comme la clef du Vimeu. *Lepayen de Flacourt.*
(*Note communiquée par M. H. DUSEVEL.*)

aussitôt de la place et se jeta sur l'avant-garde des Anglais qui, surpris de cette sortie imprévue, perdirent plusieurs hommes. « Il y eut d'une partie » et d'autres de grands estours, hommes d'armes » navrés terriblement[1]. » Mais Warvick n'était pas loin; il hâta le pas et investit la ville au moment où le détachement vainqueur venait d'y rentrer. Il dirigea ses efforts sur l'abbaye, qui était crénelée comme une place de défense et pourvue d'une garnison vaillante; mais l'ayant attaquée vigoureusement, il l'emporta d'assaut et s'y logea.

Les Français tenaient encore dans la ville qui alors était murée. Warvick continua de la cerner pour empêcher les secours qui pourraient y arriver; il occupait l'abbaye pendant que ses soldats étaient logés sous des tentes et des pavillons; des machines de guerre furent organisées et dressées contre les murailles et il en fut lancé une grêle de pierres, en même temps que des chocs terribles ébranlaient les murailles et les portes. Les assiégés ne s'intimidèrent point; ils ripostèrent vivement et firent même plusieurs autres sorties heureuses. Warvick qui avait cru pouvoir emporter cette place d'emblée, reconnut qu'il n'y parviendrait qu'en l'affamant; malheureusement pour lui il n'avait point de navires et ne pouvait empêcher les assiégés de recevoir des renforts et des vivres par le

---

[1] *Chronique de Monstrelet*, tom IV, page 383.

Crotoy; il envoya en Normandie pour demander des vaisseaux et peu de temps après une escadre anglaise pénétra dans la baie et vint fermer l'entrée du port. « Les dits assiégés, dit Monstrelet, voyant que de tous côtés avaient perdu l'issue de leur ville, furent moult troublés et assimplis[1]. »

Néanmoins les Dauphinois tinrent encore pendant trois semaines; ils demandèrent alors à capituler, et ils convinrent avec le comte de Warvick d'abandonner la ville ayant la vie sauve et leurs biens conservés si, le 4 septembre suivant, le duc de Touraine ne se présentait avec des forces suffisantes pour secourir la place. On convint en même temps d'une suspension d'armes et des otages furent donnés. Le 4 septembre, après un siège de trois mois, aucun corps de troupes dauphinois ne s'étant présenté, la ville capitula, et les Anglais après y avoir mis garnison et avoir brûlé l'abbaye, montèrent sur leurs vaisseaux et furent attaquer le Crotoy[2].

Ce malheureux pays était livrée à l'anarchie la plus complète. Il n'y avait plus de villages dans le Vimeu; plus de culture; tout était brûlé, anéanti. Anglais, Bourguignons et Français semblaient faire assaut de brigandage. Peu de temps après la prise de Saint-Valery, en 1423, le seigneur de Fontaines

---

[1] *Chronique de Monstrelet*, tom IV, page 383.
[2] Après que le roi d'Angleterre eut pris Meaux, toutes les forteresses tenant le parti du Dauphin, depuis Paris jusqu'au Crotoy, se soumirent à l'obéissance du prince anglais et Saint-Valery se rendit de même. H. DUSEVEL.

surprend au village de Neuville un corps de troupes anglaises : il l'attaque, le bat, le met en déroute, lui fait huit cents prisonniers; le reste se sauve par le gué de Blanquetaque.

C'est dans ce temps, en 1428, que le prédicateur de l'ordre des Carmes, Thomas Conecte, célèbre par les prédications et les conversions qu'il fit dans la province d'Artois, arriva à Saint-Valery où il s'embarqua pour la Bretagne son pays.

D'Harcourt tenait toujours au Crotoy. Il avait fait avec les Bourguignons d'Abbeville une trêve ou abstinence de guerre. Néanmoins, un de ses corsaires capture sept navires chargés de vin que les Abbevillois envoyaient à Etaples, et ceux-ci, dit M. Traullé, envoyent Perrotin de Torgny, à Saint-Valery et au Crotoy, vers les conservateurs de ladite abstinence pour obtenir la restitution.

Les Anglais redoublèrent d'efforts pour prendre le Crotoy; Cloquart de Cambronne le rendit enfin par composition à Raoul de Bouteiller, envoyé du duc de Bedfort, régent de France pour les Anglais.

Au milieu de ces luttes, l'histoire peut à peine se rappeler et suivre les diverses vicissitudes qu'éprouva la malheureuse ville de Saint-Valery. En 1431, Charles VII la surprend sur le duc de Bourgogne; un mois après, Pierre de Luxembourg la reprend par composition, et y ayant mis garnison sous les ordres de Jean de Brimeu, se dirigea vers Rambures et de là à Monchaux pour faire d'autres conquêtes. Ce fut bientôt au tour des Anglais à y pénétrer en vainqueurs; mais, peu après, en 1432, le seigneur de Fontaines, à la tête des milices bourgeoises, archers et arbalétriers d'Abbeville, et de quelques gens de Charles VII ayant pour chefs Louis de Vaucourt et messire Regnault de Verseilles, surprit la ville, qui fut *escaladée par échelle*[1]. Jean, duc de Bourgogne, fils de Philippe, était alors seigneur de Saint-Valery. « Il y fut fait de grands maux par iceux François, dit Monstrelet. » C'était alors l'habitude : une ville prise, fut-elle amie ou ennemie, était traitée en conquête; mille horreurs étaient commises à l'égard des malheureux bourgeois. Les Français, dans cette circonstance, ne se bornèrent pas à punir les habitants de la ville de désordres dont ils n'étaient pas cause : ils parcoururent le pays et désolèrent les campagnes environnantes.

Les Anglais, très-peu de temps après, reprirent encore la ville et le château de Saint-Valery et y mirent une garnison plus forte afin de résister à de nouvelles attaques.

[1] On entendait par ces mots *escaladée par échelle* une prise d'assaut, à la suite de laquelle les habitants, sans distinction, étaient passés au fil de l'épée. F. L.

XII

Ces assauts successifs avaient mis la ville de Saint-Valery et les campagnes de sa banlieue dans un pitoyable état. Un capitaine français, nommé Blanchefort, ayant pris d'assaut le château de Rambures, se vengea sur les infortunés habitants du Vimeu des revers dont eux-mêmes avaient tant souffert : les ruines de Saint-Valery dominaient un désert.

Cependant le ciel veillait encore sur la France : Jeanne d'Arc parut; elle rendit le courage aux Français, les ramena sur le champ de la victoire. Les partisans du roi reprirent l'avantage jusque dans le Vimeu, dont les forteresses étaient sans cesse prises et reprises par les deux partis.

Mais la mission de Jeanne d'Arc était terminée; elle vint se faire prendre à Compiègne par les ennemis de son pays; après être restée quelque temps prisonnière dans la forteresse du Crotoy, elle en fut extraite et traversa Saint-Valery, enfermée dans une cage de fer; cette ville la salua *du cœur et des yeux*, dit le Père Ignace. Elle ne s'arrêta point à Saint-Valery : ses gardes lui firent prendre sur-le-champ la route d'Eu et de Dieppe.

Sans doute, à cette époque, la ville s'était relevée de ses ruines par les Anglais, qui voulaient garder ce passage de la Somme. Peu après le départ de Jeanne d'Arc, Gaucourt, capitaine français, se présenta devant la place et la somma de se rendre, mais la garnison se prépara à la résistance. Les Français se disposèrent pendant la nuit; au point du jour, ils dressèrent leurs échelles le long des murailles, et, après un combat de deux heures, ils culbutèrent les Anglais et reprirent possession de la ville. Les Anglais s'enfuirent en désordre et on en fit un grand massacre. Les vainqueurs, comme c'était d'usage dans ces temps barbares, ne distinguèrent point leurs compatriotes de leurs ennemis, et leurs coups tombèrent aussi bien sur les habitants de la ville que sur les Anglais.

Louis de Vaucourt prit le commandement de la place. Il avait pour lieutenants messire Regnault de Verseilles et Philippe de la Tour. Comme ils s'attendaient à être bientôt attaqués, ils essayèrent d'organiser des moyens de défense; mais n'ayant que trois cents hommes valides, ils n'en eurent point le temps. Pierre de Luxembourg parut tout-à-coup devant les murailles avec un corps de douze cents Anglo-Bourguignons, que commandait un seigneur anglais nommé Villeby. Ayant environné la ville, ils se disposèrent à dresser leurs machines de guerre. Malgré la faiblesse numérique des Français, la place, bien défendue, tint encore trois semaines, au bout duquel temps, les chevaliers assiégés ne voyant point moyen de résister plus longtemps avec leurs seules forces, parlementèrent avec Robert de Saveuse, commis à cet effet par Pierre de Luxembourg. Il fut décidé que si, à un jour dit, la ville n'était secourue, les assiégés l'abandonneraient et pourraient emporter leurs biens et numéraire, et emmener leurs prisonniers [1].

Au jour dit, les secours n'étant point arrivés, Louis de Vaucourt, à la tête de ses officiers et soldats, quitta la ville et s'en alla à Beauvais avec un sauf conduit.

Pierre de Luxembourg installa ses gens dans la ville, sous le commandement de Robert de Saveuse, et partit par Rambures et Blangy, pour aller assiéger le château de Monchaux, dont il s'empara. Ces différents combats avaient fort affaibli son armée, et le séjour de la ville était devenu si désagréable, par suite des nombreux décès qui s'y étaient multipliés, disent les chroniqueurs, que peu de gens osaient y rester. Pierre de Luxembourg et ses principaux officiers, afin d'échapper au mauvais air, se retiraient fréquemment à la Neufville près de Saint-Valery, où ils étaient à portée de rentrer dans leurs murailles,

---

[1] *Collection des Chroniques françaises.* Monstrelet, tom VI, page 92.

aussitôt qu'il y avait apparence de quelque danger.

C'est à cette époque qu'une grande peste désola toute la Picardie; les gens mourraient dans les rues et sur les routes, et leurs corps restaient privés de sépulture. Plusieurs villages furent entièrement dépeuplés et les maisons abandonnées. Ce fléau était le résultat de la guerre et des maux qu'elle avait entraînés après elle.

Au commencement du mois de janvier 1434, Charles Desmarest ayant fait une sortie du château de Rambures où il commandait, profita d'une de ces absences des officiers bourguignons, pour se jeter dans la place dégarnie et en chasser les ennemis, après en avoir fait un grand carnage. Le bâtard de Fiennes, lieutenant de Robert de Saveuse, fut fait prisonnier et beaucoup d'autres avec lui. Ce succès répandit une grande joie dans tout le pays de Ponthieu; mais, dans ces temps de malheur, il était peu de succès durables.

Pierre de Luxembourg ne s'éloigna cependant point du Vimeu; y ayant été rejoint par un corps que lui amenait le duc de Bedfort son gendre, il résolut de reprendre la place de Saint-Valery. Pour être plus sûr de son entreprise, il appela à son aide le comte d'Etampes, Jean de Croy et le Vidame d'Amiens.

On voit, dans le registre aux délibérations de cette capitale de la Picardie, que le comte d'Etampes fut accompagné au siège de Saint-Valery par douze arbalétriers de cette ville, et qu'une délibération du 25 juillet 1434, décide qu'ils y demeureraient jusqu'au jeudi ou vendredi suivant « pour lequel temps » ou audit jour, est-il dit, la dite ville et châtel » doivent être mis en l'obéissance du Roi nostre » sire et du dit seigneur, si les *aversaires* ne se » montrent les plus forts[1]. »

Mais les Français résistèrent un mois dans leurs murailles; au bout duquel temps, épuisés de fatigues et privés de vivres, ils traitèrent encore avec les Anglais s'engageant à partir dans dix jours avec tout ce qu'ils pourraient emporter s'ils n'étaient secourus. Le jour convenu pour leur retraite étant arrivé sans que les secours attendus se présentassent, Charles Desmarest s'éloigna avec les siens et se retira au château de Rambures.

Le jour même de leur retraite, il entra au port de Saint-Valery, venant de Saint-Mâlo, une barge chargée de vins et de provisions destinés à la vaillante garnison de Saint-Valery. Les Anglo-Bourguignons s'en emparèrent avec beaucoup de joie. Le comte d'Etampes ne resta qu'une nuit à Saint-Valery; il y laissa Jean de Brimeu, pour la garde de la ville et du château et il retourna en Artois

---

[1] *Registre aux délibérations de la ville d'Amiens.* Tome IV, page 30.
La ville d'Amiens fournit au comte d'Etampes plusieurs pavoisières, pour l'aider à faire le siège de Saint-Valery, détenu et occupé par les adversaires du roi notre sire. (*Comptes de la ville d'Amiens.*)
(*Note communiquée par* M. H. DUSEVEL.)

avec ses gens, pendant que le duc de Luxembourg et les Anglais se dirigeaient sur Rambures et Monchaux.

Les maladies malignes qui désolaient la Picardie continuaient; la ville de Saint-Valery en subissait cruellement l'influence : c'est à peine s'il y restait assez de gens valides pour relever les morts. Les campagnes du Vimeu n'étaient pas mieux partagées et il n'était point de village qui ne fut infecté de miasmes pestilentiels[1]. Pierre de Luxembourg frappé par le mauvais air, fut atteint de maladie au village de Rambures, « et, dit Monstrelet, il alla de vie à trépas, le vingtième jour d'octobre, au moment où il projetait la prise de Rambures et de Monchaux. Par cette mort, tous ses gens, et aussi les capitaines anglais, là étant, furent fort troublés et courroucés en cœur[2]. »

Le corps de Pierre de Luxembourg fut transporté à Saint-Pol, et son fils, Louis de Luxembourg, âgé de quinze ans à peine, lui succéda dans le commandement de ses troupes.

Baudouin Quieret était alors abbé de Saint-Valery. Lorsque le calme fut rétabli, il fit promener le corps du saint patron dans les rues de la ville et aux alentours, afin d'attirer la miséricorde divine

---

[1] Il y avait eu alors en Picardie, dit un contemporain, tant de gens morts et occhis, tant de filles pucelles et vierges violées, polluées, souillées, tant de religieuses ostées de leurs églises, q' ͡ c'étoit pitié à dire et à recorder. (ARSENAL. *Titres de Picardie*. Manus. histoire, n° 332, f° 216.)

[2] *Collection des Chroniques françaises*. Monstrelet, tom VI.

sur ce malheureux pays. La ville avait été tellement désolée par ces différents sièges, que les murailles ne tenaient plus et qu'il ne restait plus de gens capables de les réparer.

La paix d'Arras, signée entre Philippe-le-Bon et Charles V, vint ramener un peu de calme, malheureusement toujours de trop peu de durée. Les habitants du pays accueillirent cette nouvelle avec des démonstrations de joie : tous les maux allaient cesser, on allait pouvoir se livrer de nouveau à la culture, reprendre le commerce abandonné, armer des bâteaux pour la pêche et réparer tous les désastres causés par la guerre.

Jean de Bourgogne, comte de Nevers, était alors seigneur de Saint-Valery. Après la paix, il fit quelques travaux indispensables pour relever les murailles de la ville; mais les Anglais qui étaient restés maîtres du Crotoy, inquiétaient les travailleurs. Florimond de Brimeu, sénéchal de Ponthieu, Richard Richeaume et Robert Duquesnoy, capitaine de Saint-Valery, résolurent de mettre un terme à ces brigandages; ils se concertèrent pour cerner les Anglais dans leur ville, et, après quelques jours de siège, la place fut prise d'assaut; mais les Anglais se retirèrent dans le château et s'y maintinrent encore. Philippe-le-Bon donna alors l'ordre aux marins de Saint-Valery et à ceux de toute la côte, de se rendre avec leurs navires en rade du Crotoy et de n'y laisser pénétrer aucun navire; du côté de terre, les mêmes mesures furent prises pour un siége en règle; mais, malgré ces mesures, le Crotoy secouru par Talbot, sir Thomas Kiriel et lord Falcombridge, résista et les assiégeants durent se retirer et la flotte revenir à Saint-Valery. Les Anglais restèrent encore treize ans au Crotoy.

A son avénement au trône, Louis XI songea au rachat de Saint-Valery et des autres villes de la Somme. Il vint en 1463 à Abbeville et fut de là à Hesdin pour traiter de cette opération avec le duc de Bourgogne : les conventions bien arrêtées, Louis XI fit toucher à Abbeville les 400 mille écus promis, et Saint-Valery ainsi que Crotoy, Rue et d'autres places furent réintégrées à la couronne de France.

La bonne entente ne pouvait régner longtemps entre ces deux princes ambitieux. Le duc de Bourgogne croyant avoir à se plaindre du roi de France, entra dans une coalition qui se formait contre lui sous le nom de *ligue du bien public*, et il fit immédiatement marcher sur le Ponthieu des troupes aux ordres du comte de Charolais, son fils. Louis XI fut bientôt contraint de signer le traité de Conflans, qui rendait au jeune comte et à ses successeurs les villes de la Somme, avec faculté de rachat au moyen de quatre cent mille écus d'or (4,734,000 fr. de notre monnaie actuelle). Saint-Valery se retrouva ainsi en la possession du duc de Bourgogne.

Le comte de Charolais étant devenu duc de Bourgogne, sous le nom de Charles-le-Téméraire, refusa de recevoir le prix de la restitution des villes de la Somme, car il tenait au comté de Ponthieu, surtout à cause de la ville d'Abbeville et du pays de Vimeu. Avec un homme du caractère de Louis XI la rupture était inévitable; après des négociations infructueuses, Louis XI fit déclarer au duc la saisie de la seigneurie du Vimeu qu'il lui avait cédée, et la guerre se ralluma. On était alors en 1467; quatre ans après, Charles-le-Téméraire n'ayant pu résister à la force des Allemands qu'il avait assiégés dans Nuze, revint dans le comté de Ponthieu avec toute son armée. Voyant la possibilité de se rendre maître de Saint-Valery, il fut l'assiéger et s'en empara. Plusieurs des notables habitants furent faits prisonniers, après quoi il incendia la ville et continua sa marche sur la Normandie.

Pendant que le duc de Bourgogne opérait sur Saint-Valery, ses lieutenants, Olivier de la Marche, Jacques de Harchies et le sire d'Esquerdes désolaient le Vimeu déjà si maltraité. Tous se réunirent cependant et quittèrent le pays qu'ils avaient marqué d'une trace de sang.

Philippe de Commines raconte que, sur ces entrefaites un petit corsaire de la ville d'Eu ayant pris un bâtiment marchand du pays de Flandres, le comte d'Eu offrit de faire réparation du tort causé par cette capture; mais le duc voulait contraindre le comte à lui faire hommage envers et contre tous, ce à quoi celui-ci se refusait, parce que c'était contre les intentions du roi Louis XI, qu'il avait intérêt à ménager. Il se plaignit à lui aux Etats tenus à Tours dans les mois de mars et avril 1470. Louis XI, heureux d'avoir une occasion de chercher noise au duc, qu'il détestait, réclama en termes énergiques contre cette prétention du duc de Bourgogne. Cependant par des raisons que la politique de Louis XI explique suffisamment, des négociations furent entamées dans le château du Crotoy entre ce monarque et le duc de Bourgogne, et il fut convenu entre eux que la place de Saint-Valery et la prévôté du Vimeu seraient cédées au duc de Bourgogne. Mais ce n'était de la part de Louis XI qu'une feinte pour gagner du temps. Charles, outré de cette mauvaise foi, envoya Olivier de la Marche, l'un de ses plus célèbres lieutenants, pour reconquérir ces villes. Ce capitaine redoubla ses excès et ses ravages dans le Vimeu et vint attaquer Saint-Valery. Les habitants sachant à quelles horribles vengeances ils seraient sacrifiés si ils étaient pris d'assaut, ouvrirent leurs portes, ce qui n'empêcha pas les Bourguignons de commettre dans la ville, les plus horribles excès.

Le château de Rambures s'était également rendu au duc de Bourgogne, qui en fut très joyeux, car « ce chasteau estoit à merveille fors; à grant peine » l'avoit on sans affamer[1]. »

[1] *Chronique de Pierre Leprestre.*

Le seigneur Joachim Rouault de Gamaches, qui tenait pour le roi, se mit aussitôt en marche et vint se porter sur les hauteurs de Pinchefalise. Il avait des intelligences dans la place, les Bourguignons, effrayés, abandonnent la ville de Saint-Valery sans résistance : aussi ne souffrit-elle cette fois aucun dommage.

Le bruit courut alors que pour détourner le but des ennemis qui faisaient d'incessantes tentatives contre la ville de Saint-Valery, le roi allait faire procéder à la destruction de ses murailles. Les habitants d'Amiens que cette nouvelle inquiétait, prirent aussitôt la résolution suivante :

« Pour ce qu'il est grant nouvelle que le roy a commandé que la ville de Saint-Valery soit desmolye et abatue, messieurs ont délibéré de rescupre au roy que ce serait moult grant domage pour le pays de Piquardie et pour tout le royaume, et spécialement pour la ville d'Amiens, car les vivres, tant de la mer comme de la terre, viennent par le moien de la dite ville de Saint-Valery en celle d'Amiens, laquelle en est en partie soutenue, et pour ce envoieront prestement Huguet Mahon à tout (avec) lettres closes par devers le roy afin que la dite démolition ne se fasse [1]. »

Probablement la démolition projetée n'eut point lieu, car il n'en fut plus parlé.

[1] *Registres de l'hôtel-de-Ville d'Amiens.*
(*Note communiquée par M. H. DUSEVEL.*)

Le duc de Bourgogne pour se venger de ces trahisons du roi de France, appela Edouard d'Angleterre à son aide. Louis XI tenta alors de négocier, mais apprenant que ses ennemis réclamaient entre autres places du littoral, les villes d'Eu et de Saint-Valery, il envoya Charles de Briquebec avec des soldats pour les incendier, ce qui fut fait le 14 juillet 1475 [1].

La malheureuse ville de Saint-Valery eut de la peine à se remettre de ce nouveau désastre. « Les » plus anciens monuments qui restèrent de cet » incendie, dit Coquart, sont les ruines de la vieille » église qui font voir quelle était sa magnificence » en ce temps-là. Les tours qui défendaient le » corps de la place sont demeurées à découvert » depuis ce ravage ainsi que les ouvrages des deux » portes; le château seul a été entretenu jusqu'au- » jourd'hui, mais son enceinte, aussi bien que le » pont de secours et son épaulement, sont entière- » ment ruinés; la tour attenant existe encore, mais » ses plates formes, escaliers et autres ouvrages in- » térieurs ont sauté, le feu ayant pris aux poudres » d'un magasin sur lequel elle est élevée [2]. »

[1] *Églises et Châteaux de Picardie*, 1846.
[2] *Projet pour le rétablissement du port de Saint-Valery-sur-Somme.* (Bibliothèque de M. Poncet de la Grave. 17 suppl.)
La nef de l'église est du douzième siècle. Les ogives sont sans moulures, portées sur des chapiteaux à feuilles semblables à celles de chêne. Les piliers tors de l'origine sont ornés de fleurs de lys.
Quelques piliers séparant la nef des ailes sont fort anciens; des archéologues pensent qu'ils peuvent dater au moins du xie siècle.
Ces marques d'ancienneté prouveraient l'erreur de ceux qui ne font remonter la ville de Saint-Valery qu'à une époque moins reculée.
H. DUSEVEL.

La mort de Charles-le-Téméraire arrivée en 1477, délivra Louis XI d'un dangereux vassal et le Vimeu d'un fléau.

Jean de Bourgogne, seigneur de Saint-Valery, était mort. Sa fille Elizabeth, comtesse de Nevers, ayant épousé en 1455 Jean de Clèves, celui-ci était devenu seigneur de Saint-Valery. L'histoire nous fait ici défaut pour la filiation de la maison de Clèves. A la mort de Charles-le-Téméraire, Angilbert était seigneur de Saint-Valery[1]. La ville manquant d'habitants, il fit annoncer qu'il concèderait des privilèges à ceux qui viendraient s'y établir; peu à peu les habitants reparurent, les maisons se relevèrent; en 1490, une partie de sa population était revenue. Angilbert de Clèves leur accorda la franchise du sel, l'exemption du ban et de l'arrière ban; ils furent chargés seulement de la garde de la ville. En 1493, il convertit en un impôt en argent la prestation annuelle qui était due par chacun d'eux pour droit de mairie.

En 1488 le sir de Rambures avait été nommé gouverneur de Saint-Valery pour le roi. Charles VIII, roy de Sicile et de Jérusalem, régnant alors[2].

---

1 Le 28 septembre 1487, Guillaume Bournel rendit aveu au seigneur de Saint-Valery pour la terre de Lambercourt dont il avait pris possession le 19 février précédent, l'ayant héritée de Jules Bournel son oncle. (*Gamaches et ses seigneurs.* M. Darsy.)

2 *Mémoire pour servir à l'histoire civile et ecclésiastique de Saint-Valery-sur-Somme.*

XIII

Avant le seizième siècle, l'art de la navigation était encore ignoré. Le marin s'exposait au hasard et n'osait guère perdre les côtes de vue. L'embouchure de la Somme avait été, dans les temps anciens, beaucoup plus large; les marées y pénétraient jusqu'à une distance considérable de la mer : on a dit qu'elles s'étendirent jusque dans les marais de Flixecourt et près de Picquigny, où on en retrouve des traces; il entrait par conséquent beaucoup plus d'eau dans cette baie, et la profondeur se trouvait entretenue par l'immense mouvement de flux et de reflux qui en résultait : on conçoit dès lors, la facilité qu'avaient, pour y naviguer, des barques à fond plat, comme étaient toutes les embarcations de cette époque.

Avec le temps, les dépôts alluviens successifs rétrécissant la baie, les passes perdirent de leur profondeur. En même temps les constructions maritimes se perfectionnaient; on donnait plus de creux aux navires, ce qui les rendait plus propres à la marche, mais exigeait plus de tirant d'eau. La navigation des côtes et des rivières devenait plus difficile et plus périlleuse; on y suppléait par des connaissances acquises dans la pratique et dans l'étude des localités; la science du pilotage naquit : c'étaient les premiers rudiments de l'art nautique.

On en jugera par les plus anciennes indications écrites qui nous soient restées.

« Dehors Antiffer jusqu'au bas de Sôme la lune en l'est-nord-est basse mer, et au susouruoist plainemer.

» Si vous voulez gésir au bas de Sôme, gisez hors le banc, et gardez que l'église de Cayeux vous demeure en l'est-nord-est, et mectez l'ancre à cinq ou à six brasses.

» DEMANDE. A neuf vingt heures, la lune, le soleil au oest souruoist, quelle marée sera à Sainct-Vallery?

» RÉPONSE. Il sera plaine mer et la lune sera au susuest, et y aura deux vents entre le soleil et la lune [1]. »

Ces données étaient bien insuffisantes; mais c'était un premier pas qui conduisait le marin à la connaissance de son métier et qui devait produire les hardis navigateurs qui, plus tard, illustrèrent la marine française.

Déjà, depuis assez longtemps, l'invention de la boussole avait fait faire un grand pas à la navigation

---

[1] *Routier et jugement des cours et marées deppartement du soleil et de la lune.* Par Jean de Bruges. Manus. 7695 — 3 — an 1520.

et lancé de hardis marins dans des expéditions aventureuses; dans les premières années du xvᵉ siècle un gentilhomme du Vimeu, nommé Béthencourt, avait découvert les îles Canaries et en avait fait une principauté où il régna en souverain; d'autres marins suivirent ses traces en se portant plus au sud, le long de la côte occidentale d'Afrique. Enfin, en 1492, le génois Christophe Colomb découvrait l'Amérique, événement qui allait changer la face du monde.

Saint-Valery, à cette époque, était un port de cabotage dont les relations intérieures s'étendaient dans le Nord et dans l'Est de la France et même jusqu'à Paris. François Iᵉʳ reconnaissant l'influence qu'allait exercer la navigation sur les destinées des empires, voulut créer un port à portée de sa capitale et il fonda le Havre, parce qu'il était situé à l'embouchure de la rivière qui traversait Paris.

L'embouchure de la Somme, avait à cette époque, éprouvé un nouveau changement depuis l'expédition de Guillaume-le-Conquérant. La pointe du Hourdel en s'avançant vers le Nord, avait déterminé l'ensablement du vieux port où s'était réunie la plus grande partie de la flotte normande[1]; les sables

---

[1] Les sables se sont tellement accrus dans cette embouchure, depuis l'armement de Guillaume, qu'après avoir commencé à remplir l'anse de la *Mal assise*, ils se sont étendus ensuite jusqu'à la côte du Cap-Cornu, d'où s'est ensuivi peu après la ruine et l'applanissement de ce port. Le dépôt du Cap-Cornu se trouvant trop chargé des sables que le flot continue d'y pousser, le port de la Ferté le devint à son tour des sables du premier, et en fut totalement rempli en 1716 et 1717. (Coquart. *Projet de rétablissement du port de Saint-Valery*.)

s'étaient accumulés dans l'embouchure entre le Crotoy et Saint-Valery et même jusqu'aux portes du Hourdel et de Saint-Quentin : il ne restait plus qu'un chenal entretenu par les eaux de la Somme, ce qui rendait les mouvements de la navigation bien plus difficiles. Il fallait, dès lors, dit l'intendant général Bignon, qu'un pilote de Saint-Valery ou de Cayeux allât recevoir les navires au-delà des sables appelés *bancs de Somme* et qui avançaient déjà de plus d'une lieue dans la mer [1].

En 1582, il fut dressé un acte de notoriété d'après lequel il appert que l'entrée de la Somme étant obstruée de bancs de sable, il convient mieux de fréquenter le hâble du Hourdel dépendant de Cayeux, où l'on peut entrer en mer haute ou basse quand on veut. Les marins d'Abbeville déclarent « qu'ils ont toujours vu charger et décharger audit hâvre, avec la permission du seigneur de Cayeux; que depuis deux ans les maire et échevins de Saint-Valery ont empêché de le faire, ce qui a été cause de la perte de plusieurs vaisseaux, y ayant plus de danger à venir du Hourdel à Saint-Valery ou au Crotoy, que du Touquet de Brest audit hâvre du Hourdel, où il y a soixante fois plus de chemin à faire. » Ce hâvre était le hâble d'Ault [2].

[1] *La Somme,* par Bignon. Manus. Biblioth. du Ministère de l'Intérieur.

[2] *Abrégé des annale du commerce de mer d'Abbeville.* M. Traullé page 16.

Le territoire de Cayeux s'était considérablement accru des alluvions que le remous des courants avait déposés à l'abri de la pointe du Hourdel, allongée vers le Nord par l'apport incessant des galets. Les habitants, dit Don Grenier, avaient établi sur ces terrains, plusieurs censes ou bergeries dont les plus anciennes sont celles de Cap-Cornu, la Malassise, le Hourdel, Hurt, Watiéhurt et l'Anviette; de manière que ces salines sont présentement si bien habitées, qu'elles paraissent comme un seul village dans toute leur étendue[1].

Par suite de ce mouvement des sables dans l'embouchure de la Somme, l'entrée du port de Saint-Valery s'était successivement modifiée : le port qui, au onzième siècle, se trouvait entre le Cap-Cornu et le Hourdel, avait été dans la vallée de Neufville, puis sous la Ferté. Mais, dit Coquart, le chenal de la Somme, refoulé par les sables qui se déposaient à l'abri du Hourdel, prit sa direction vers l'église de Saint-Pierre, au Crotoy. Le coude qu'il fit alors, entre la ville et le faubourg, servit aussitôt de port aux vaisseaux qui avaient la rivière pour chenal d'arrivée. Cet emplacement n'était pas moins avantageux qu'au Cap-Cornu; il était commandé par la tour de la ville et par les ouvrages de la porte d'Abbeville; un quai régnait depuis la rampe de la basse rue de ce faubourg jusqu'à l'enceinte de cette place, et le port y était alors si profond que les bâ-

---

[1] Don Grenier. *Topographie.* Cayeux.

timents y étaient toujours à flot, ce qui fit qu'on l'orna d'une longue file de pieux pour les y amarrer [1].

Telle était la situation de la baie de Somme et du port de Saint-Valery au commencement du seizième siècle, alors que toutes les idées se portaient à la navigation et vers les entreprises lointaines.

Cet événement, en doublant le champ de la production, augmentait dans une proportion énorme la nature et la quantité des matières échangeables. Une grande révolution s'opérait dans la navigation et le commerce. On soigna davantage la construction des navires, qui furent classés par catégories selon leur structure, leur gréement, leur grandeur et leur tirant d'eau; la voile prévalut comme moteur sur le système des rames. C'est aussi de ce moment qu'on commença à dresser des cartes marines; on inventa des instruments de navigation tels que les octans, les cadrans, les sextans, les télescopes, les chronomètres et les reflecteurs, pour la mesure des temps, des longitudes, des latitudes et des hauteurs. Tout le commerce de l'Europe allait se faire par mer; les ports de mer entraient dans une ère nouvelle de prospérité.

---

[1] *Projet pour le rétablissement du port de Saint-Valery-sur-Somme.* Bibl. de M. Poncet de la Grave, 17, suppl.

Quoiqu'il n'y ait point de port, mais seulement une anse qui joint le faubourg de la Ferté, ce mouillage ne laisse pas que d'être fréquenté à cause de la commodité qu'il y a à transporter en Picardie, en Artois et en Champagne les marchandises qu'on y apporte. *Dictionnaire historique.* Moreri, tom VI, page 42.

(*Note communiquée par M. DUSEVEL.*)

D'un autre côté, la paix et la sécurité commençaient à s'établir dans le royaume de France. Le Vimeu, appauvri et déchiré par deux siècles de luttes étrangères, par la rapacité des seigneurs et les brigandages de toutes sortes, commençait à respirer; on pouvait essayer un peu de culture et espérer une récolte paisible.

La vallée de la Somme avait des éléments de prospérité industrielle dont devait profiter le port de Saint-Valery. Abbeville, Amiens et Saint-Quentin étaient des villes manufacturières et riches qui allaient demander à la navigation maritime les laines d'Espagne, les cotons du Nouveau-Monde, les cuirs et les chanvres de Russie.

Les marchands qui d'abord accompagnaient leurs marchandises ou les faisaient accompagner, pouvaient maintenant les expédier avec quelque sécurité. Les Genois avaient inventé les banques et les assurances maritimes, qui bientôt furent établies dans tous les ports de France.

La pêche avait aussi profité de ce mouvement de progression : cette industrie avait formé des matelots; ils s'aguérirent de plus en plus dans la pratique de la mer. La découverte de l'Amérique amena celle du banc de Terre-Neuve, où se formèrent des établissements de grande pêche. Les marins de Saint-Valery furent y chercher la morue; ils poursuivirent la baleine qui, depuis plusieurs siècles était disparue de la Manche. C'est de ce moment aussi que datent les pêcheries de harengs et les salaisons du port de Saint-Valery qui, plus tard, acquirent une grande réputation. L'art des pêcheries devait cependant ne se perfectionner que plus d'un siècle après.

Cette prospérité maritime profitait médiocrement aux moines de l'abbaye, car ils dimaient sur tous les produits, soit pêche ou marchandises, qui étaient déchargés aux quais de Saint-Valery. Aussi l'abbé était-il beaucoup plus riche que le seigneur qui, après avoir cédé ou vendu tous ses droits, ne tirait plus qu'un médiocre revenu de sa seigneurie.

Les seigneurs, qui n'habitaient plus leur château, l'avaient donné à cens aux moines moyennant douze sous parisis et deux chapons par an *ad causam census*. Les moines leur accordèrent plus tard, pour s'assurer leur protection, le droit de chasse en *warennes* dans cent soixante journaux de terre près du château, lesquels devaient être enclos de fossés pour empêcher les lapins de passer.

Ces redevances et les aumônes qui se faisaient au tombeau de Saint-Valery, permettaient aux moines d'étaler une grande pompe dans leurs offices. On venait y assister de très loin, autant à cause de la beauté du spectacle que par la dévotion aux reliques. Aux grandes fêtes religieuses, l'abbé et son chapître se rendaient processionnellement dans toutes les rues de la ville et répandaient les bénédictions sur le peuple. La ville était-elle menacée (ce qui arrivait bien souvent), aussitôt le corps du saint fondateur était tiré de son tombeau et porté sur divers points des fortifications de la ville pour y attirer sa sainte protection.

La dévotion à ces reliques était si grande, dit un chroniqueur de l'époque, que lorsqu'il y avait cérémonie à l'église de l'abbaye, on était obligé d'apposer des gardes dans la ville afin de veiller sur les maisons et les empêcher d'être dévalisées par des malfaiteurs étrangers.

En outre de la dîme que les négociants de Saint-Valery devaient à l'abbaye, il y avait encore la part du curé de l'église paroissiale, mais les marins s'y soumettaient sans murmurer, car, dès le jour où ils commencèrent à faire des voyages lointains, comme ils exposaient leurs jours, ils faisaient des vœux à l'église et à l'abbaye pour le succès de leur entreprise, et à leur retour il n'était point de beau poisson dont ne profitât l'abbé et aussi le curé de l'église Saint-Martin [1].

L'église paroissiale était très-belle : elle s'élevait à l'entrée de la ville, vers la porte d'Abbeville et sur le sommet d'une terrasse d'où l'on découvrait une grande étendue de la mer ainsi que les forteresses du Crotoy et de Noyelles, dont le pied se reflétait dans les eaux de la Somme.

Cette église était alors desservie par un curé et

---

[1] *Projet pour le rétablissement du port de Saint-Valery-sur-Somme.* Cocquart. Biblioth. de M. Poncet de la Grave, 17, suppl.

deux prêtres. Nous trouvons dans le Mémoire pour servir à l'*Histoire civile et ecclésiastique de Saint-Valery*, une anecdote naïvement racontée, que nous rapportons ici.

C'était le 23 novembre de l'an 1500, jour pris pour dédier l'église de Saint-Valery sur la mer. Afin de célébrer dignement cette solennité, l'évêque d'Amiens, sir Martin de Piédavant qui, précédemment avait été curé de Saint-Valery et qui s'était fait aimer du peuple, vint dès la veille en cette ville pour s'occuper en personne des préparatifs préliminaires.

« Il s'avancha, dit le mémoire, de soy enfermer en l'église pour le veiller. » Le pieux évêque étant resté seul dans l'église était absorbé dans la prière sur les marches du chœur, lorsque sur l'heure de minuit, il aperçut tout à coup un personnage vêtu de blanc qui se dirigeait vers lui d'un pas automatique. L'évêque surpris de cette apparition inattendue, s'apprêtait à questionner le fantôme, lorsque celui-ci le prenant brusquement par la main, lui dit d'un ton très irrévérencieux :

— Coquin ! que fais-tu ici ?

Puis aussitôt il le saisit à la gorge pour empêcher ses cris. Au même instant, deux autres fantômes parurent; l'un d'eux se mit à frapper l'évêque et le troisième lui tint les mains; « puis aucuns horribles » chiens l'assaillirent par les jambes. »

L'évêque n'en pouvait plus, la respiration lui manquait. Roué de coups, il fut bientôt dépouillé,

entièrement nu « mais point ne fut déchaussé de
» ses *bottequins*, sa robe salie, chausses et pour-
» point, soupli et étolle furent brûlés et son corps
» tellement persécuté qu'il demeura là étendu
» comme pâmé et assommé de horions. »

Il parait néanmoins qu'au bruit qui se faisait dans l'église, plusieurs paroissiens vinrent regarder par une *verrine;* et ils reconnurent, dit-on, trois têtes de mort qui environnaient l'évêque.

Lui, toujours plein de piété, dans un moment aussi critique, dit, en se retournant vers l'image de Notre-Dame, *la benoiste Vierge Marie:*

— Jesus! que me demandez-vous?

Les paroissiens regardant encore par la verrine, virent alors trois chandelles qui, ayant été éteintes, se rallumèrent tout-à-coup; puis les trois squelettes se remirent à frapper l'évêque étendu à plat sur le pavé de l'église et *si complaignant piteusement et ullutant comme une beste.*

Quelques-uns plus hardis, eurent pitié du malheureux sir Martin; ils coururent vers la grande porte de l'église dans l'intention de lui porter secours, mais cette porte étant fermée, ils durent revenir à la petite porte par laquelle ils purent enfin pénétrer dans l'église.

Parmi ces gens se trouvait Jehan de Ponthieu, maire de Saint-Valery, qui affirma que l'église était comme pleine de poudre à canon et *d'horrible et abominable puanteur.* Sir Martin fut trouvé étendu à terre, la face meurtrie et boursoufflée et le corps contusionné et considérablement enflé.

On le transporta chez le diocésain, qui le lendemain devait dédier l'église; là, on découvrit les plaies du patient *qui étaient horribles à voir*. On en parla beaucoup et longtemps dans la ville comme d'une chose étonnante et diabolique.

Un prêtre nommé Jehan de Sens, déclara qu'étant éveillé, il avait vu, vers l'église, trois grands personnages qui l'étonnèrent et l'inquiétèrent beaucoup. Alors, dit-il, l'horloge ne sonna point depuis onze heures jusqu'à une heure après minuit; on entendit des bruits étranges; une lumière très vive fut aperçue sur l'hôtel saint Martin, pendant tout le temps que l'évêque fit sa dédicace. Les trois personnages inconnus disparurent du côté de la chapelle des Mariniers, et ils laissèrent derrière eux une forte odeur de soufre.

Le lendemain sir Martin de Prédavant, rendit son âme à Dieu « car il avait passé par un détroit » et merveilleux purgatoire [1].

Les seigneurs, comme nous venons de le dire, n'avaient plus qu'une autorité fictive et sans force à Saint-Valery. Pendant une période d'un demi siècle, l'histoire en perd même la suite et la filiation. Cette dignité si éclatante à son origine, n'était plus qu'un vain titre et que l'ombre du pouvoir et de la célébrité

---

[1] *Mémoire pour servir à l'histoire civile et ecclésiastique de Saint-Valery.*

des Bernard et des Thomas de Saint-Valery, qui avaient soutenu si audacieusement la lutte contre leur suzerain, le comte de Ponthieu[1].

En 1488, Jean, duc de Brabant, comte de Nevers, d'Eu et de Rethel, est qualifié de comte de Saint-Valery, dans la nomenclature du mémoire pour servir à l'*Histoire civile et ecclésiastique de cette ville*, et on ajoute qu'il confirma la charte de mairie donnée à cette ville par Jean d'Artois; mais après celui-ci, on ne voit plus figurer aucun seigneur de Saint-Valery jusqu'à Henriette de Clèves, qui vivait en 1570, et qui épousa un prince de Mantoue dont nous parlerons plus loin.

Les habitants de Saint-Valery n'avaient d'ailleurs que faire de l'autorité seigneuriale qui, malgré son défaut, n'entravait encore que trop les opérations de leur navigation et de leur commerce. Érigés en commune, ils s'administraient eux-mêmes et ne faisaient que mieux leurs affaires. La liberté dans leurs opérations avait succédé à une extrême servitude; les droits seigneuriaux existaient encore, il est vrai, et les charges abbatiales pesaient rudement sur leur commerce; mais il y avait dans l'esprit public une tendance à s'affranchir de ces jougs vexa-

---

[1] Les seigneurs de Saint-Valery faisaient hommage au comte de Ponthieu, même *contre la France et l'Angleterre*, comme on le voit par un titre de 1203. Ils prétendaient aussi, à une époque plus récente, *avoir le droit de créer un amiral sur leurs terres*. (Miraulmont, *Mémoires sur les justices existant dans l'enclos du palais*, in-8°, page 384.)

(Note de M. H. DUSEVEL.)

toires ; de fréquentes collisions avaient lieu avec les collecteurs des droits ; on se réclamait à l'autorité royale, presque toujours impuissante ; mais c'était le commencement d'un mieux qui devait aboutir plus tard.

Le luxe qui avait fait des progrès rapides en Picardie, n'avait pas peu contribué à l'extension du commerce. Les dames portaient de grandes toilettes, pour lesquelles il fallait les productions diverses des contrées qui produisaient la soie, les laines, les verroteries, les fourrures. La contagion du luxe devenait générale ; les bourgeoises auraient voulu égaler les dames nobles, si des édits royaux n'y avaient mis empêchement. On fut même obligé d'interdire « aux filles de joie et paillardes » le costume et les étoffes des femmes honnêtes. » Les officiers municipaux de Saint-Valery avaient ordonné aux courtisanes de leur ville de porter une étiquette sur l'épaule, afin d'être reconnues de loin et de n'être point confondues avec les dames de noblesse.

Cette sévérité des mœurs municipales de Saint-Valery est encore constatée dans une ordonnance contre les adultères, recueillies par M. Louandre dans les archives municipales de cette ville. Elle est de l'an 1533, et ainsi conçue :

« Considérant la justice tant ecclésiastique que temporelle, que nostre seigneur Jésus-Christ est journellement offensé en ceste paroisse de plusieurs crimes et énormes vices qui se y perpètrent et principalement au péché d'adultère par plusieurs personnes, hommes et femmes mariés, qui sont tous publicques et manifestes, pour lesquels crimes et villains péchés sommes appertement menachés de l'ire de Dieu, a esté advisé et conclud, tant de monseigneur l'official que par les bailly et mayeur de ceste ville, qu'il sera faicte deffense générale, tant en l'église que ès lieux publicques que nulz hommes ni femmes mariés, ne aient plus à commettre adultère à paine de estre mis en une brinqueballe¹, qui sera faicte et mise sur ung des flos de cette ville, et illec tombés et plongés testes et corps : assavoir pour une première fois que il sera treuvé et sceu que ils auront adultère ou pourront estre en lieu suspect de tel vice par trois fois dedens le dit flos, et de soixante sols parisis d'amende pour estre donnée pour Dieu aux poures et aux dénunciateurs de tels crimes; et pour la seconde fois de estre fustigés par les carrefours par la main du bourreau, et banny de la dite ville, et leurs biens confisqués : espérant que moïennant telles punitions l'ire de Dieu nostre seigneur sera appaisée².

1 Levier qui sert sur les navires à faire jouer le piston de la pompe.
2 *Histoire d'Abbeville*. M. Louandre. Tome II, page 298.

XIV

Les troubles qui agitèrent le règne de François Ier, eurent leur retentissement jusque dans le petit coin du royaume appelé le Vimeu. Des bandes indisciplinées désolaient les campagnes et répandaient partout la terreur; les soldats italiens à la solde du roi, enlevaient les femmes et les filles, brûlaient les habitations, ravageaient les cultures. Saint-Valery, comme les autres localités du pays, était obligé de subvenir aux dépenses de nourriture et d'entretien de ces dangereux alliés. Cette situation dura plusieurs années; les habitants étaient aux abois.

L'abbé de Saint-Valery avait fait restaurer l'abbaye, gravement endommagée dans les dernières affaires. Il sollicita et obtint qu'on réparerait les fortifications de la ville : chacun y mit du sien; nobles, ecclésiastiques et bourgeois y contribuèrent : chacun travailla, et bientôt les murailles se trouvèrent en état de résister aux bandes de *lansquenets* [1],

---

[1] Soldats d'infanterie allemande à la solde du roi de France, originairement serfs, faisant campagne à la suite des reîtres et armés d'une mauvaise pique. F. L.

qui venaient quelquefois jusque dans la ville pour y piller les habitants.

François Ier vint en personne visiter cette ville au mois de Juin 1517, et il s'intéressa beaucoup au commerce de mer qui se faisait par son port; il promit protection aux habitants et les laissa très satisfaits de son affabilité.

Sans doute les promesses du roi chevalier eussent été réalisées, mais les rivalités suscitées par l'ambition de Charles-Quint, allaient de nouveau attirer la guerre étrangère sur les rives de la Somme. Charles d'Artois s'unit au roi d'Angleterre contre la France : en 1523, trois cents flamands ayant passé la Somme à Blanquetaque, parurent devant Saint-Valery et en ravagèrent les alentours. Ils n'osèrent toutefois point attaquer la ville dont les habitants étaient sur leurs gardes, et ils s'éloignèrent, par Boismont et Saigneville, sur Abbeville.

Cette surprise détermina les communes du Vimeu à faire garder le passage du gué de Blanquetaque. Seize bateaux plats armés d'artillerie furent établis sur le passage et un fortin construit en bas du coteau de Saigneville. Ces mesures intimidèrent les ennemis, leurs tentatives échouèrent; l'année suivante, ils se présentèrent de nouveau avec l'intention de passer; mais l'artillerie fit si bien son jeu, que les cadavres des assaillants jonchèrent la grève et qu'ils furent obligés de renoncer à leurs desseins. Néanmoins, cet état de craintes et d'appréhensions dura jusqu'en 1527, que François Iᵉʳ fit alliance avec Henri VIII d'Angleterre contre Charles-Quint. Mais on sait quelle instabilité il y avait dans l'amitié de ces princes; ils furent tour à tour alliés et ennemis, et le malheureux pays de Ponthieu, surtout sur la rive droite de la Somme, fut pendant près de vingt ans le théâtre de combats qui, depuis Boulogne jusqu'à Abbeville, ne laissèrent que des ruines.

Si la ville de Saint-Valery s'était sauvée des attaques des Flamands, il n'en avait pas été de même des environs : l'hospice des lépreux, fondé par Bernard II, avait été tellement saccagé, qu'il n'était plus habitable; les murs étaient lésardés et les toits laissaient pénétrer l'eau dans les chambres. Il resta dans cet état jusqu'en 1533, que des religieuses de l'ordre de Saint-Dominique, qui avaient déserté Thérouanne en Artois, détruit par les Impériaux, vinrent s'y établir. Faute de ressources et d'un local suffisant pour recevoir les pauvres malades, ces femmes allaient les soigner à domicile. Les offrandes des personnes pieuses et le produit de leurs quêtes suffirent pour rétablir la maison et la mettre à même de remplir sa destination.

Le pays n'avait point seulement à souffrir des ennemis; les alliés et même les nationaux étaient pour lui tout aussi terribles. Les auxilliaires italiens, mauvais soldats que François Iᵉʳ avait pris à sa solde, commettaient les plus grands dégâts et se livraient à tous les excès envers la propriété et même la vie des citoyens. Il fallait néanmoins que Saint-Valery et le pays de Vimeu, malgré leur juste mécontentement, contribuassent à leur fournir des vivres. En 1545, la ville de Saint-Valery donne quatre mille pains et deux muids de vin et de bière. Le roi prévient en même temps les habitants que si la cotisation qu'il leur est enjoint de fournir n'est pas complète, il s'en prendra à eux et rendra leurs biens responsables [1].

Cependant ces sacrifices n'empêchaient point les ennemis de triompher de la faiblesse des Français. En 1553, les Impériaux étaient maîtres d'une grande partie de la Picardie; fort heureusement le gué de Blanquetaque était toujours défendu par les mêmes moyens qui avaient déjà coûté tant de monde à ceux qui avaient tenté de le forcer. Le duc de Savoie échoua dans son projet de le franchir pour venir ravager le Vimeu, comme il avait fait des pays de la rive droite de la Somme; le Vimeu fut épargné.

Mais d'autres malheurs non moins grands commençaient à agiter la France; les questions religieuses fanatisaient les esprits et soulevaient les plus épouvantables tempêtes. La réforme prêchée par Calvin faisait des progrès; les seigneurs mécontents, se prononçaient partout pour elle, parce qu'elle leur donnait une occasion de satisfaire leur désir de vengeance.

[1] *Histoire d'Abbeville*. M. Louandre, tom. II, page 31.

Les abbés de Saint-Valery avaient tellement vexé les habitants par leur orgueil et leurs prétentions arbitraires, que depuis longtemps ils s'étaient aliéné leur affection. Les Calvinistes profitèrent de cette situation des esprits pour faire des prosélytes [1] et se faire un parti dans les populations. En 1567, guidés au nombre de dix-huit cents par un de leurs chefs nommé François Cocqueville, ils pénètrent dans le Vimeu et se dirigent sur Saint-Valery, avec l'intention de se rendre maîtres de cette place. La ville n'était point prévenue, et il ne fut point difficile à Cocqueville de s'en emparer à la faveur de la nuit. Ses soldats commencèrent par faire un butin immense; comme leur intention n'était point de la conserver,

[1] Les chefs huguenots tels que Gaspard de Coligny et autres, suscitèrent plusieurs capitaines et soldats de s'aller esbattre avec leurs armes au pays de Flandre pour secourir les Huguenots de ce pays qui faisaient la guerre au duc d'Albe. Et, pour ce faire, dépêchèrent quatre capitaines, qui étoient Cocqueville, Saint-Amand et deux autres, lesquels levèrent bien le nombre de deux mille huguenots français, la plupart vacabons qui n'avoient où se retirer en seureté, et les passèrent en Picardie, gouvernement de M. le prince de Condé, qui étoit au dit pays et tacitement advouait cette entreprise. Le prince les fit séjourner au dit pays, en attendant qu'il eût response du roy sur certaines plaintes qu'il envoyât à Sa Majesté, du tort qu'il disait estre fait aux Huguenots de France, par les catholiques, lesquels n'obéissant aux édicts de la paix faisaient, maleste aux dits huguenots qu'ils appelaient *ceulx de la religion*. Auxquelles plaintes ne hasta le roy de respondre, du moins au gré du dit prince, ce que voyant, le dit amiral de Coligny escrivit au dit Cocqueville qu'il ne se hastât de passer en Flandre, mais qu'il advisât à se retirer en quelque ville du pays de Picardie, en attendant la response du roy. Ce qu'il fist trop follement en se saisist de la ville de Saint-Valeri par surprise et encore de quelques autres petites villes proches d'icelle dans lesquelles il mist ses gens d'armes en garnison. (*Mémoires de Claude Hallon.* Communiqué par M. H. Dusevel.

ils en ressortirent vers huit heures du matin chargés de dépouilles; puis ils se jetèrent sur les villages du voisinage, pillèrent les églises et les presbytères et incendièrent les maisons.

Le roi ayant été averti de ce qui se passait, fit demander au prince de Condé si c'était d'après ses ordres et *de ceulx de sa prétendue religion*, que se commettaient ces actes de pillerie. Le prince ayant répondu que non, le roi fit donner ordre au maréchal de Cossé-Brissac, qui se trouvait à Abbeville, de rassembler les troupes dont il pourrait disposer et de reprendre la ville de Saint-Valery sur les Huguenots.

Le maréchal de Brissac [1], à la tête de dix compagnies de gens de pied, de cinq ou six compagnies d'ordonnance et des archers d'Amiens, qu'il avait fait venir de nuit, marcha à la rencontre des huguenots, qui aussitôt se hâtèrent de rentrer à Saint-

---

[1] Le maréchal de Cossé-Brissac établissait son camp près d'Abbeville au moment même où l'une des plus jolies personnes de la cour, Mlle de Celton, fille d'honneur de Catherine de Médicis, y arrivait avec sa mère, qui la menait en Angleterre pour la marier. C'était une de ces dames qui méritaient de figurer dans les galeries de Brantôme. Le maréchal, épris de cette demoiselle, s'empresse de préparer une fête, y invite Mme de Celton, se ménage aisément le moyen de s'entretenir avec sa fille, et en obtient un rendez-vous. Il en attendait le moment avec la plus vive impatience, lorsqu'on vint lui annoncer que Cocqueville marchait sur Saint-Valery, et qu'il n'y avait pas un instant à perdre s'il voulait sauver cette place. — « Parbleu, dit-il, il est bien cruel de passer sur la selle, et à combattre une nuit qui aurait été si agréable; les huguenots me paieront cher le tour qu'ils me jouent. » Puis il se dirigea en toute hâte sur Saint-Valery.
(*Histoire d'Abbeville.* M. Louandre, tom. II, p. 55.)

Valery. Arrivé sous les murs de la ville, il somma Cocqueville de la lui livrer au nom du roy. Celui-ci répondit qu'il ne la rendrait qu'à la mort de lui et du dernier de ses soldats. Le maréchal fit aussitôt battre la ville de trois pièces de canon, et la brèche étant faite, il donna l'assaut. Comme les bourgeois n'étaient point favorables aux huguenots, ils prêtèrent leurs concours aux assiégeants qui passèrent sans miséricorde tous les huguenots au fil de l'épée. Ceux qui tentèrent de se sauver furent tués par les paysans qu'ils avaient volés. Cocqueville, Saint-Amand et les principaux officiers ayant été fait prisonniers, ils déclarèrent avoir fait cette entreprise par les ordres de l'amiral de Coligny et du prince de Condé. Mais ayant été conduits à Abbeville, on leur trancha la tête, lesquelles furent portées au roi à Paris et ensuite exposées en place de Grève, avec les noms, surnoms et qualités de ceux à qui elles avaient appartenues.

La place était à peine entre les mains des Ligueurs, que le prince d'Orange arriva en vue de la ville pour prêter son concours à Cocqueville. N'y ayant plus rien à faire, il s'éloigna sans rien tenter.

Les maladies contagieuses et pestilentielles ne tarissaient pas; elles étaient entretenues par les désordres, les combats et les maux de toute espèce qui pesaient sur le malheureux pays de Vimeu et de Picardie; leurs ravages se firent sentir non-seulement dans les murs de Saint-Valery, mais à Cayeux, à Ault, à Gamaches et dans toutes les campagnes environnantes; les malheureux habitants mouraient sans secours, c'est à peine si l'on trouvait des gens pour les enterrer. M. Désiré Lebœuf dit que des processions d'hommes, femmes et enfants tous vêtus de blanc, la tête couverte d'un voile, pieds nus, portant des croix de bois, descendaient du pays de Vimeu au tombeau de Saint-Laurent, dans l'église d'Eu, pour implorer son assistance; ils chantaient en marchant :

> Amendons-nous,
> Portons nos suaires...
> Pensons qu'il nous faut tous mourir
> Pour aller avec Jésus-Christ [1].

La famine devait inévitablement se joindre à ce fléau; on trouvait des gens morts de faim sur les routes et dans les rues : le pays fut dépeuplé.

La ville de Saint-Valery était dans un pitoyable état : dépeuplée, les maisons écroulées par l'effet de la guerre et les fortifications détruites [2]. Sur les instances du peu d'habitants qui restaient et qui exposèrent que si on les laissait en cet état, la ville serait à la merci de nouvelles tentatives de la part des Huguenots, les Ligueurs amiénois leur en-

---

[1] *Histoire d'Eu* par Désiré Lebœuf.
[2] En 1592, les magistrats d'Amiens demandent que la neutralité soit accordée à la ville de Saint-Valery qui se trouvait hors d'état de soutenir un siège par les prises et reprises qui l'avaient démantelée. (*Histoire de la ville d'Amiens.* Daire.)

voyèrent des secours d'hommes et d'argent pour se mettre à l'abri [1].

Après s'être montrés favorables au projet des Calvinistes, les habitants de Saint-Valery qui n'en avaient éprouvé que des désastres, sentirent la nécessité de leur résister, ils se joignirent aux gens d'Abbeville et d'Amiens pour faire une association de catholiques qui prit le nom de Saint-Ligue pour se défendre contre le parti des Huguenots. Ce fut la guerre civile dans toute l'étendue du mot. Saint-Valery ainsi que plusieurs autres villes de la Picardie adhérèrent à ce pacte qui les mit en guerre ouverte avec celles qui reçurent les Calvinistes. Le règne d'Henri III fut marqué par les luttes sanglantes qu'elle engendra. Le pays était continuellement sillonné par des bandes armées qui, sous le prétexte d'être de l'un ou de l'autre parti, ravageaient les campagnes, mettaient les habitants à contribution, pillaient, tuaient, incendiaient sans crainte d'avoir à répondre de leurs méfaits.

Après la mort d'Henri III, la guerre civile continua avec plus d'ardeur; un parti important se forma contre Henri de Navarre qui appartenait à la religion réformée; la Normandie et le Vimeu furent livrés à toutes les horreurs de la guerre civile.

[1] Le sieur Damerval, capitaine de Saint-Valery, écrit aux maires et échevins d'Amiens qu'il importe d'y faire un pont-levis et diverses réparations pour les mettre en sûreté contre les courses des royalistes. Les Amiénois ordonnent ces réparations. (*Registre aux délibérations de la ville d'Amiens.* Communiqué par M. H. DUSEVEL.

Les catholiques exaspérés contre les habitants de Saint-Valery, qui s'étaient donnés à ce parti, résolurent de prendre la ville : ils vinrent l'attaquer en grand nombre, et, comme il n'y avait qu'une faible garnison, ils s'en emparèrent sans grande peine; ils se rendirent ensuite également maîtres d'autres places du Ponthieu, et, fiers de leurs succès, ils narguèrent le roi dans leur conquête.

Mais Henri IV était peu effrayé de leurs menaces; il enlevait Neufchâtel presque sans coup férir pendant que Givry, l'un de ses lieutenants, mettait le Vimeu et la ville de Saint-Valery à contribution.

Le duc de Mayenne averti de ce qui se passait, s'avançait en Picardie pour contrebalancer les succès qu'obtenait le roi; les Ligueurs d'Abbeville le reçurent à bras ouverts et ils lui facilitèrent l'entrée de Saint-Valery. Mayenne partit de là pour Arques où il fut vaincu par le roi en personne. M. de Nevers se présenta inopinément devant Saint-Valery qu'il reprit aux Ligueurs et où il laissa une garnison moitié française et moitié allemande

Le duc de Mayenne se replia sur la Picardie, pendant que le roi se dirigeait sur Rouen dont il voulait s'emparer. Son éloignement rendit le courage à ses ennemis; les Abbevillois, avec le secours des Espagnols, conduits par le comte Charles, marchèrent sur Saint-Valery; entrèrent par le château et forcèrent la garnison à se soumettre aux Ligueurs. Mayenne et le duc de Parme assemblèrent alors une armée espagnole dans cette place, et se portèrent sur la Normandie afin de contraindre Henri IV à lever le siége de Rouen.

Henri IV marcha à leur rencontre et vint les battre à Aumale; ses troupes se répandirent aussitôt dans le Vimeu et chassèrent les Ligueurs de Saint-Valery : l'abbaye fut ravagée et les moines chassés; mais le duc de Parme s'y étant présenté de nouveau, reprit la ville le 2 novembre 1592 et y mit une garnison de sept cents hommes. Le roi se proposait de venir lui-même attaquer son ennemi à Saint-Valery; distrait par d'autres affaires il se contenta d'y envoyer le duc de Longueville avec des forces suffisantes pour triompher; on était alors au mois de décembre 1592 et le froid qui était extrêmement vif frappait, les assiégeants à la face et paralysait tous leurs mouvements, tellement qu'*il les gardoit de pouvoir quasi mettre la main à l'espée*. Dans une telle situation, les assiégés étaient bien moins gênés que les assiégeants et l'on fut bien étonné de voir la garnison demander à capituler.

M. de Longueville se surpassa dans ce siége pénible, il montra bien que le courage masle et robuste de ses ancêtres était en lui tout entier, dit Legrain [1], car bien qu'il fut de stature grêle et délicate, il ne se donnait point de repos et se portait avec activité sur tous les points; il passait

---

[1] *Décade du roy Henry le Grand*. Legrain, 1663, in-4°, page 519 et suiv.

quelques heures de la nuit sur une paillasse, sans quitter son armure, et se retrouvait debout pour engager ses gens par son exemple, malgré le froid horrible qui abattait les plus robustes.

Certainement les gens du duc d'Aumale auraient dû tenir plus longtemps dans cette place et profiter des avantages que leur donnait la saison pour résister plus longtemps et attendre des secours; d'autant plus que le comte de Mansfeldt, l'un des chefs de l'armée espagnole, était en marche pour le Vimeu; mais soit qu'ils ne fussent point informés de ce secours, soit que le nom du duc de Longueville leur fit peur, les Français en profitèrent. Leur succès fut de peu de durée; le comte de Mansfeldt étant arrivé, attaqua vivement la place et avec tant d'ardeur que les royalistes n'y purent tenir et qu'ils capitulèrent.

Sur la nouvelle de ces événements, les gens de Gamaches avaient dépêché un espion à qui ils avaient payé *dix-huit sous* pour aller observer la marche du duc d'Aumale sous les murs de la *ville assiégée, mais ils ne purent empêcher* la reddition de la place; aussitôt après ils dépêchèrent le sieur Flan vers le duc de Longueville pour s'informer en quel lieu il se retirerait et lui offrir du pain de munition et des vivres pour son armée [1].

---

[1] Le lendemain de Noel 1592, ... auroyt envoyé Flan à Saint-Wallery pour savoir où se retirait l'armée de Monseigneur de Longueville. Il aurait convenu fournir............ pains de munition à ladite armée dont ung chascun des habitants auroyt esté cottisé. (*Gamaches et ses seigneurs*, par M. Darsy.)

XV.

Pendant les dernières années du règne de Henri IV, Saint-Valery et le Vimeu goûtèrent un peu de repos; mais après la mort du roi, arrivée en 1610, les Calvinistes, que le seul nom de Henri IV contenait, à cause de sa réputation de justice et de bonne foi, recommencèrent à donner de l'inquiétude. On s'attendait chaque jour à Saint-Valery, à tort ou à raison, à voir débarquer les protestants pour renouveller la tentative de Cocqueville; on arma les habitants et même les paysans des villages environnants et l'on fit des patrouilles sur les côtes de Cayeux; mais ce fut inutile : les protestants ne parurent point.

Le comte de Mansfeldt en s'éloignant de Saint-Valery avait exprimé l'opinion que les fortifications devraient être démolies afin d'éviter une garnison inutile. Les Abbevillois, de leur côté, considérant que le voisinage de cette place, sujette à tant d'attaques successives, leur était préjudiciable, et que le peu de fortifications qui y restaient ne la défendaient que trop bien, se joignirent au vœu du comte de Mansfeldt pour en proposer la démolition[1], ils seraient certainement venus à bout de leur dessein si le duc d'Aumale ne s'y était opposé. Le comte de Mansfeldt était à peine éloigné du Vimeu, que Rubempré, gouverneur de Rue, sortit de cette ville avec un corps de troupes, passa la Somme au gué de Blanquetaque que l'on avait négligé de garder, et vint surprendre la garnison, qui n'attendant pas les ennemis sitôt, n'avait fait aucuns préparatifs de résistance. Les habitants avaient d'ailleurs leurs sympathies pour l'armée royaliste et ils contribuèrent pour une bonne part, à faire triompher les assiégeants; Rubempré fit déposer les armes aux Espagnols et laissa une garnison royaliste dans la place. Aussitôt le duc d'Aumale qui se trouvait à Abbeville à la tête d'un corps de troupe, marcha sur la ville pour la reprendre, mais il fut repoussé et dut renoncer à ses intentions.

Le séjour des Espagnols avait été très préjudiciable au commerce de Saint-Valery. Le duc d'Aumale avait, au mois d'octobre 1592, malgré le vœu

---

[1] Il existe dans les registres de l'échevinage d'Amiens, une délibération du 3ᵉ jour de juillet 1593, portant : Veues les lettres escrites à messieurs par le mayeur et les eschevins d'Abbeville, par lesquelles ils prient ces messieurs d'aider et contribuer de leur part pour la desmolition de Saint-Wallery, que le sieur Conte (*Sic*) Charles de Mansfeldt a trouvé estre nécessaire à desmolir, a esté ordonné qu'il sera fait response que la ville d'Amiens n'y peut contribuer pour les grands frais par elle faicts à la desmolition du chasteau de Beauquesne et austres lieux.

(*Note de M. H. DUSEVEL.*)

des habitants, qui demandaient à rester neutres, établi chez eux un bureau pour la perception des impôts sur les marchandises qui y aborderaient de la mer. On lui observa en vain que cet impôt était contre les privilèges de la ville, et que s'il ne voulait pas le lever, ou s'y opposerait formellement, le duc d'Aumale avait la force en main, il en usa pour faire respecter ses intentions; les droits furent perçus en dépit de tous.

Les habitants d'Abbeville pour qui étaient destinées la plupart des marchandises que l'impôt frappait à Saint-Valery, étaient extrêmement lésés par cette mesure arbitraire; ils se joignirent aux habitants de Saint-Valery pour demander des poudres à Amiens; mais les Amiénois s'excusèrent sur les besoins qu'ils avaient eux-mêmes de munitions de guerre pour arrêter les royalistes.

L'impôt mis au bureau de Saint-Valery subsista jusqu'en 1594, qu'un édit du roi en déchargea les habitants.

Après tant de luttes, tant d'assauts successifs, on peut se figurer ce qu'était devenue la ville de Saint-Valery[1]. Ses murailles ne tenaient plus, les maisons étaient désertes ou tombaient en ruines; les environs de la place et les campagnes dans tout le Vimeu, n'étaient pas dans un état plus florissant;

---

[1] La ville de Saint-Valery fut tant de fois prise, reprise et ravagée, que l'histoire ne sait pas au juste le compte de ses malheurs.
LOUANDRE.

le duc d'Aumale, repoussé de Saint-Valery, s'était jeté sur les villages et y avait exercé sa fureur en les incendiant et en détruisant le peu de récoltes que la terre avait pu rapporter. C'était partout le désert, la désolation et la mort. Les villages que les flammes épargnèrent, dit M. Louandre, étaient tellement ruinés à six ou sept lieues autour de Saint-Valery, qu'il devint impossible d'y lever aucune taille.

Il parait qu'après ces désastres la ville fut encore prise et reprise quatre fois. Charles de Mansfeldt, dit l'auteur précité, présumant que Henri IV avait le projet de s'en emparer, donna l'ordre de la faire démolir et de raser le château. Il y a lieu de croire que cet ordre fut exécuté, car les habitants vinrent un mois après chercher un refuge à Abbeville [1].

La place de Saint-Valery revint ainsi ruinée et démantelée en la possession du roi [2]; le duc de Nevers, qui avait été dévoué au service d'Henri IV, s'en vit déposséder pour satisfaire d'anciens ligueurs.

La guerre civile était à peu près terminée; mais les Espagnols qui conservaient l'Artois, commettaient encore de cruelles déprédations dans le pays de Ponthieu; ils s'avancèrent même dans le Vimeu et brûlèrent les fermes et les villages; les paysans chassés de leurs maisons, se réfugièrent dans les

---

[1] *Histoire d'Abbeville*. M. Louandre, tome II.
[2] Henri IV était maître de Saint-Valery et de la Picardie hormis Soissons, la Fère et Ham. (*Mémoire pour l'histoire civile et ecclésiastique de Saint-Valery*.)

murs de Saint-Valery, qui leur offrait un refuge où il était possible de se procurer des vivres par mer. Des troupes hollandaises débarquèrent à Saint-Valery le 20 octobre 1595, pour aider les habitants à repousser les ennemis. Henri IV était à Amiens; les habitants de Saint-Valery lui députèrent des notables pour lui offrir les services de la ville et prendre ses ordres. Le roi satisfait de cette preuve de dévouement, promit de se rendre à Saint-Valery la semaine suivante; mais on l'attendit en vain jusqu'au 10 novembre; il ne vint point encore [1].

Pendant ce temps, les Hollandais étaient toujours à Saint-Valery où les habitants les fêtaient au mieux. Des vivres leur étaient envoyés des environs et les bourgeois ne les laissaient manquer de rien.

Le roi Henri IV ayant le dessein d'aller renforcer Jean de Montluc, contre l'archiduc Albert, qui venait de pénétrer en France, partit d'Abbeville en s'embarquant à la porte d'Hocquet, sur une gribanne qui fit voile pour Saint-Valery. Le roi avait avec lui deux cents cuirassiers et six cents fantassins. Il fut reçu à Saint-Valery par des acclamations enthousiastes dont il fut très flatté. Le 18 avril 1596 il s'embarqua sur un navire qui fit voile pour Calais; mais surpris par des vents contraires, son

---

[1] *Notes manuscrites de* M. Devé...é.

navire relâcha au Crotoy, et le roi reprit la route d'Abbeville.

Pendant cette longue période de désastres, l'histoire ne fait plus presque mention des seigneurs de Saint-Valery; leur autorité n'est plus que nominale; on ne les voit figurer nulle part.

Jean de Clèves, par son mariage avec Elizabeth, comtesse de Nevers, avait été seigneur de Saint-Valery en 1455. En 1488, d'après le mémoire anonyme pour l'*Histoire civile et ecclésiastique de Saint-Valery*, Jean, duc de Brabant, comte de Nevers, d'Eu et de Rethel, est nommé seigneur de Saint-Valery et confirme la mairie aux habitants de cette ville. Mais depuis cette époque il y a une lacune d'un siècle, et ce n'est qu'en 1570 qu'on voit Henriette de Clèves, après la mort de ses frères, hériter des terres de Picardie. « Elle épousa Louis de Gonzague, prince de Mantoue[1], avec lequel elle fonda en 1574, à perpétuité, pour le mariage de soixante pauvres filles en toutes leurs terres et seigneuries par chacun et, à chaque fille, cinquante livres qu'on leur distribue à chacune tous les ans. Il y en a une pour Saint-Valery. »

Il manque la suite de la maison de Mantoue[2].

---

[1] Suivant M. d'Imfreville, le duc de Mantoue avait à Saint-Valery les droits de Prévôté. (MÉMOIRES DE SOURDIS. *Collection de mémoires inedits relatifs à l'histoire de France*. Tom 3, p. 78.)
Communiqué par M. H. DUSEVEL.

[2] *Mémoire pour l'histoire civile et ecclésiastique de Saint-Valery-sur-Somme.*

Les Espagnols tenaient encore plusieurs places de la province d'Artois que le roi était jaloux de reconquérir. Louis XIII vint plusieurs fois en Picardie et une armée fut assemblée sous les murs d'Abbeville pour marcher sur Saint-Omer et Hesdin. Dans un de ses voyages à la frontière, le roi vint visiter Saint-Valery et écouta avec intérêt les réclamations des habitants relativement aux travaux qu'il serait nécessaire de faire pour améliorer le port, que la rivière de Somme abandonnait fréquemment pour se porter sur l'autre rive de la baie. Le roi assista avec beaucoup de plaisir à une pêche qui se pratiquait à marée basse. Des pêcheurs barraient le chenal de la Somme avec leur filet, puis remontant le courant de la rivière jusqu'à une certaine distance ils redescendaient en frappant l'eau avec de longues perches et proférant de grands cris pour effaroucher le poisson et le chasser dans les filets qu'ils tiraient ensuite sur le sable. Cette pêcherie s'appelait le *huage* et le poisson qui en provenait *poisson hué*[1]. M. Dusevel dit que les marins qui firent cette pêche en présence de Louis XIII, prirent entre autres pièces un esturgeon de douze pieds.

---

[1] *Parfait Chasseur*, Sélincourt, année 1683. La pêche à Saint-Valery n'est ni abondante ni distinguée. On ne prend que des plies, des limandes vaseuses; on envoie le tout à la bourgeoisie parisienne qui s'en régale aux jours maigres et qui ne croit pas qu'il y ait meilleure marée que celle de Saint-Valery. On tire ce profit de la faim insatiable des grandes villes. (*Voyage en France*, de 1778 jusqu'à 1827.)

(*Communiqué par* M. H. DUSEVEL.)

L'ingénieur Cocquart donne la description des pêcheries de Saint-Valery. « On y pêche, dit-il, au bas parc et au ravoye. Les ravoyeurs en établissant leurs filets dans le chenal de la Somme, enfoncent dans le banc de sable qui sépare cette rivière du port de Saint-Valery, une longue file de piquets qu'ils replient par plusieurs retours et lui font décrire des spirales qui, après avoir été enfoncés sortent encore au-dessus des sables environ deux pieds six pouces; ils y attachent leurs filets qui ne sont pas plus élevés, le poisson qui monte avec le flot ou celui qui descend avec l'Esbe, se trouvant engagé dans ces détours, les ravoyeurs ont soin de l'aller prendre à toutes les marées basses [1].

Les négociants de Saint-Valery crurent devoir attribuer à l'espèce de remous qu'occasionnaient ces filets, les fréquentes variations du cours de la Somme; ils adressèrent une requête au roi en le priant de faire interdire la pêche du ravoi; cette pêche cessa en effet d'être pratiquée, mais comme l'alluvion ne continuait pas moins de progresser on cessa de l'attribuer au ravoi, qui fut repris plus tard [2].

Le roi Louis XIII témoignait beaucoup d'intérêt à la ville de Saint-Valery dont il appréciait les services rendus à la cause royale; pour témoigner sa

---

[1] *Projet de rétablissement du port de Saint-Valery-sur-Somme.* Coquart.
[2] Ibid.

satisfaction aux habitants, il les confirma en 1636 dans les priviléges de franchises de taille et autres impôts dont ils avaient toujours joui. Peu de temps après, le 26 juin de la même année, la princesse Marie-Louise de Gonzague, duchesse de Nevers, de Mantoue et de Clèves (depuis reine de Pologne), vint à Saint-Valery, dont elle était apanagiste, et y resta quelques jours avant de se rendre à Abbeville. Elle entendit les vœux des négociants qui désiraient qu'un quai fut construit le long du port afin de faciliter les opérations de chargement et de déchargement des navires, et elle promit de s'en occuper.

Sur ces entrefaites, le seigneur d'Imfreville, commissaire général de la marine, était envoyé par le cardinal de Richelieu sur les côtes de la Manche pour rechercher l'endroit où il pourrait être établi un port capable de recevoir des vaisseaux de guerre; il arriva à Saint-Valery par la voie du Crotoy, et s'adressa au sieur Blondin, lieutenant de l'amirauté, lequel lui donna tous les renseignements qu'il demandait sur la baie de Somme. Il résulte des termes du rapport de M. d'Imfreville, que le port de Saint-Valery commençait à devenir d'un accès difficile, à cause de l'allongement de la pointe du Hourdel qui facilitait des dépôts alluviens entre lui et la mer.

D'Imfreville suivit la côte par Cayeux et son rapport est assez favorable sur un endroit qu'il nomme *la fosse de Cayeux* et qui n'est autre que le hâble d'Ault : il est d'avis qu'on y peut établir un port du roi et que les vaisseaux pourront y être commodément à flot et à l'abri des effets de la mer ¹.

Cependant ce projet ne reçut point d'effet : la navigation commerciale continua de se faire par le port de Saint-Valery, dont le grenier à sel fournissait à toute la Picardie. M. Louandre raconte, dans son histoire d'Abbeville, que les soldats du régiment du maréchal de Brézé, en garnison à Abbeville, faisaient un trafic du sel qu'ils venaient acheter à Saint-Valery pour le revendre en fraude aux bourgeois d'Abbeville.

« Comme je n'avais pas de quoi les payer, dit Pontis, je les laissais agir, ne voyant pas grand mal à cela, et y trouvant même l'intérêt du roi, qui trouvait ainsi les moyens de faire subsister ses troupes sans rien débourser et sans charger ses sujets ³.

Les fraudeurs, continue M. Louandre, s'en allèrent un jour jusqu'au nombre de soixante ou quatre-vingts bien armés à Saint-Valery. Les soldats de la gabelle, en ayant eu avis, mirent en campagne un pareil nombre d'archers, avec ordre de charger les soldats et de les amener pieds et poings liés. Le

---

1 *Recherches sur le port convenable à l'établissement d'un port du roi.* Manusc. Biblioth. Impériale.

2 *Mémoire pour l'Histoire civile et ecclésiastique de Saint-Valery-sur-Somme.*

3 *Mémoires de Pontis.* Coll. Michaud, tome 6, 2ᵉ série, p. 600.

combat s'engagea, plusieurs archers furent tués; quelques soldats blessés, mais ces derniers eurent l'avantage [1].

Charles Sire, marquis de Sayeuse et conseiller du roi, était alors gouverneur de la ville et du château de Saint-Valery et, en cette qualité, capitaine de cinquante hommes d'armes. Il était très-partisan des travaux qu'on pourrait faire pour la commodité et l'embellissement du port de la Ferté ; sur les ordres qu'il reçut, il fit, conjointement avec M. de Serrières, secrétaire d'Etat, construire des quais en pierre depuis la Bourse jusqu'au magasin au sel; les travaux commencèrent en sa présence, en 1640 [2].

Ce fut en cette même année 1640, que la princesse de Mantoue, dame de Saint-Valery, vendit la seigneurie de ladite ville à Nicolas-Joachim Rouault de l'antique maison de ce nom.

Le premier de cette famille illustre, dont le nom s'est conservé dans l'histoire, fut Clément Rouault, écuyer en 1327; il avait pour armes deux léopards passants.

Son fils Clément devint, par alliance avec Péronnelle de Thouars, l'un des plus grands seigneurs du royaume de France; il prit, à cause de sa femme, la qualité de comte de Dreux et de vicomte de

---

[1] *Histoire d'Abbeville.* M. Louandre, tome 2, p. 104.
[2] *Mémoire pour l'Histoire civile et ecclésiastique de Saint-Valery.*

Thouars; il brilla à la cour des rois Charles IV et Charles V, de 1390 à 1420. Il n'eut point d'enfants de Péronnelle de Thouars.

Son frère, seigneur de Boismenart et de la Rousselière, fut gouverneur du fils aîné du duc de Berry. Le roi le gratifia d'une somme de cinq cents livres pour reconnnaissance des services qu'il avait rendus dans les guerres de Guyenne contre les Anglais. Celui-ci eut deux fils; l'aîné, seigneur de Boismenart, chambellan du roi, qui eut Joachim, maréchal de France, lequel s'acquit beaucoup de gloire dans les guerres de son temps[1]. Par accom-

---

[1] Il se distingua dans un grand nombre de combats, et principalement à la bataille de Furmigny, qui assura la conquête de la Normandie, et balança les succès de l'Angleterre. L'armée française s'étant dirigée vers la Guienne, il y acquit une nouvelle gloire, notamment à Châlais, où il alla planter son étendard sur la brèche, pour entraîner ses troupes qui redoutaient l'assaut. En 1452, il assista au siége de Castillon sur Dordogne, et contribua au succès de la bataille livrée sous les murs de cette ville, où fut tué l'Achille anglais, le fameux Talbot. Peu de temps avant la bataille, les francs archers que commandait Gamaches, ayant été surpris, se retiraient en désordre : « Ne vous ai-je pas promis de vivre et de mourir avec vous, leur cria t-il, afin de ranimer leur courage? Voulez-vous donc m'abandonner? » et il se précipita le premier contre l'ennemi. Plus d'une fois il fut renversé de son cheval; mais les archers le relevèrent toujours, et ils parvinrent à rejoindre l'armée. La France se trouvant débarrassée de ses ennemis, Louis XI l'envoya en Angleterre au secours de la maison de Lancastre, que le duc d'Yorck voulait précipiter du trône, et il ne revint que lorsque sa présence dans ce royaume fut jugée inutile. Louis XI le créa maréchal en 1461, et reçut de lui une nouvelle preuve de son zèle et de son attachement durant la guerre dite du *bien public*. Il fut alors gouverneur de Paris. En 1472, il défendit Beauvais contre le duc de Bourgogne. En 1475, Louis XI, trompé par de faux avis qui lui annonçaient que le roi d'Angleterre voulait s'emparer d'Eu et de Saint-Valeri, donna ordre à Gamaches de brûler ces deux villes. A peine les habitants eurent-ils le temps d'emporter à Abbeville leur fortune et leurs enfants. Son dévouement et ses services ne changèrent

modement avec la maison de Thouars, il devint en 1461, seigneur de Gamaches; il mourut en 1478.

Après le maréchal, Aloph, chambellan du roi, fut seigneur de Gamaches, ainsi que son fils Aloph II, qui fut père de Nicolas Ier, aussi seigneur de Gamaches, lequel eut plusieurs enfants, et, entre autres, Nicolas II, qui fit ériger la terre de Gamaches en marquisat en l'an 1620. Celui-ci fut père de Nicolas-Joachim Rouault, marquis de Gamaches, dont nous venons de parler comme acquéreur de la seigneurie de Saint-Valery : il porta les titres de gouverneur de Saint-Valery et de Rue, maréchal de camp, lieutenant général des armées du roi.

Le cardinal de Bentivoglio était alors abbé de Saint-Valery. Il y avait amené des bénédictins réformés de la congrégation de Saint-Maur, et il s'occupait de la restauration de l'église et du monastère que les guerres précédentes avaient fort endommagés.

Louis XIII était mort et Louis XIV lui avait succédé, il en résulta pour la France une tranquillité à laquelle elle n'était point accoutumée ; la ville de Saint-Valery put renaître de ses longs désastres,

---

point en sa faveur l'esprit sombre et méfiant de Louis XI. Il fut arrêté en 1476, par son ordre, et jugé par une commission qui le condamna au bannissement, à une amende de deux mille livres, et à la confiscation de ses biens. Mais cet inique arrêt ne fut point exécuté, et Gamaches mourut tranquillement dans ses terres, le 7 août 1478. Son portrait a été gravé par Stuerhelt, in-4°. (*Biographie d'Abbeville et de ses environs,* M. Louandre, p. 149.)

et si ce n'avait été les incessantes variations de la Somme qui ne visitait son port qu'à de rares intervalles, sa prospérité eût été grande, car ses relations commerciales s'étendaient dans tout le Nord et l'Est de la France.

La place de Hesdin qui avait donné tant de mal à Louis XIII pour la reprendre aux Espagnols, était alors occupée par une garnison française et sous le commandement d'un gentilhomme nommé Balthazar de Fargues. Cet homme écouta les propositions du prince de Condé et s'insurgea avec le régiment de Bellebrune. Il vendit la place à Don Juan d'Autriche, et après en avoir reçu le prix, il refusa de la lui livrer, fit sauter les fortifications et se répandit dans le Ponthieu dont il ravagea les campagnes; il faillit surprendre Abbeville, mais ayant été repoussé d'une manière à lui faire renoncer à une autre tentative; il vint avec son parti bleu passer le gué de la Somme à Blanquetaque; il avait avec lui environ huit cents hommes, tant cavaliers que fantassins. Son intention était de piller le Vimeu; il commença par brûler le village de Boismont et il arriva vers six heures du matin sur les hauteurs de Saint-Valery qu'il se disposa à attaquer; mais les habitants qui avaient été avisés à temps, avaient faits des préparatifs de défense auxquels de Fargues ne s'attendait pas; ils avaient dressé une batterie derrière laquelle ils se montraient en bon ordre; un capitaine de vaisseau qui était venu embosser son navire sous la Ferté, tira un coup de canon à boulet, les insurgés s'effrayèrent; ils reconnurent qu'il y aurait témérité à attaquer des gens si bien en mesure de résister, et ils rebroussèrent chemin.

Dans sa retraite, Balthazar de Fargue pilla les fermes du voisinage, brûla l'église et le village de Neuville; et après cet acte de brigandage, il emporta tout ce qu'il pût, même une des cloches de ce village. Il se dirigea ensuite par Arrest pour entrer plus avant dans le Vimeu; mais la milice des côtes, commandée par M. de Préville, lui donna la chasse et le contraignit de repasser la Somme à Blanquetaque avec son parti.

« Ce passage, ajoute Cocquart qui nous donne ces détails, est à présent inaccessible, de quelque manière qu'on voulût tenter de le passer de mer basse. »

Fargues, après avoir amassé des biens immenses par le pillage, fut assez adroit pour se faire comprendre dans le traité des Pyrennées et se retirer avec la vie sauve et sa fortune; mais, quelque temps après, il fut arrêté et pendu à Abbeville sur la place Saint-Pierre. Ce fut un tort; on n'aurait point dû traiter avec un tel homme, et ne point le grâcier pour ensuite le faire mourir par trahison.

C'était le dernier acte de guerre qui devait se passer sous les murs de Saint-Valery; mais le souvenir de tant de malheurs avait rendu l'habitant tellement craintif, que la vue d'un habit militaire l'effrayait et qu'il croyait que la désolation allait de nouveau tomber sur sa ville et sur sa demeure. Les habitants du Vimeu étaient dans ce même esprit et lorsqu'un régiment français ou étranger passait dans le pays, tout le monde se sauvait, se cachait et se barricadait si on ne se sentait point les plus forts. Il est vrai que le soldat de cette époque était farouche, cruel et sans discipline, et qu'il saisissait toutes les occasions de marauder au préjudice du paysan. En juillet 1649, un régiment de cavalerie s'avance dans le Vimeu pour fourrager; les habitants des villages s'assemblent, l'attaquent, le poursuivent, et l'ayant joint au village de Behen, ils en taillent une grande partie en pièces.

Cependant la ville de Saint-Valery commençait à respirer de ses luttes passées, depuis quelque temps le bonheur de la paix lui donnait des jours prospères. Le souvenir des luttes religieuses causées par la réforme s'était effacé; le catholicisme régnait sans obstacles, la ville démantelée n'en était que plus heureuse.

L'abbaye florissait et les reliques qu'elle possédait continuaient à y attirer un grand nombre de pélerins. L'abbé jouissait de 18,000 livres de revenu et les religieux de 9,500 livres. Ils étaient seigneurs fonciers et universels de la ville et de ses dépendances, en vertu de l'ancienne charte de Dagobert, et possédaient des manses à Citernes, à Favières et à Morlancourt. Les privilèges de l'abbaye étaient grands; mais un arrêt du parlement de Paris, du 8 février 1664, la priva de la juridiction proépiscopale dont elle avait jouï. La chronologie de ses abbés nous manque ; nous trouvons cependant, parmi ceux qui nous sont connus, des personnages d'un haut renom, tels que le cardinal de Guise, un neveu de Sixte-Quint, deux Bentivoglio et l'immortel auteur de Télémaque [1].

En l'an 1700, Edmond Martenne, bénédictin de Saint-Maur et Dom Ursin Durand vinrent à Saint-Valery où ils passèrent les fêtes de la Pentecôte. Ils visitèrent l'abbaye où, disent-ils, il y a beaucoup de dévotion et où plusieurs insensés reçoivent leur guérison. Ses reliques étaient conservées dans une belle châsse d'argent, ainsi que celles de saint Blimond, son successeur; celles de saint Sévole, comte de Ponthieu et martyr, celles de saint Wulgan, archevêque de Cantorbery et celles de saint Ribert [2].

Les religieuses de l'hospice étaient parvenues à restaurer complètement leur couvent. En 1665, se trouvant en trop petit nombre pour continuer efficacement leur œuvre de charité, elles témoignèrent leur désir d'être remplacées par des religieuses de l'Hôtel-Dieu d'Abbeville. C'est depuis ce temps que les sœurs Augustines sont en possession d'y donner leurs soins aux malades.

---

[1] *Histoire d'Abbeville*. M. Louandre. Tom II, page 423.
[2] *Voyage littéraire*. Tom II, page 173.

Un couvent des sœurs blanches s'était formé à Saint-Valery, depuis 1520, époque à laquelle les religieuses dominicaines avaient été autorisées à se fixer dans cette ville, à condition qu'elles ne pourraient jamais être plus de douze, suivant la décision du corps municipal de la même ville qui leur avait permis de quêter trois fois la semaine [1].

C'est dans le commencement du XVIIe siècle que vivait à Saint-Valery, le curé Jacques Leclerc, auteur de différents poëmes ascétiques qu'on a réunis depuis en un seul volume de quatre cent soixante-dix pages. La pièce la plus curieuse de ce livre est l'*Uranie pénitente* ou *Vie et pénitence de la Magdelaine*. L'auteur y déplore ses fautes, et entre ainsi en matière :

> « Un jour que mon âme pressée
> Des atteintes d'un grand remord,
> Sentit couler en sa pensée
> La souvenance de la mort;
> Et que tous mes péchés énormes,
> Puants, horribles et difformes,
> Ouvrant les yeux de mon esprit,
> Donnèrent à mon cœur l'alarme :
> Il se fondit du tout en larme,
> Et soupira ce triste écrit. »

M. Louandre, dans sa biographie d'Abbeville et de ses environs, donne la nomenclature des écrits de Jacques Leclerc : *Les larmes de saint Pierre; les*

---

1 *Histoire d'Abbeville.* M. Louandre. Tom II, page 473.

repentirs, les dédains, les remords, les soupirs, les regrets d'un pénitent, la conversion de saint Paul; la contrition de la Magdelaine, le jugement dernier, des strophes et une complainte sur ces mots : Miseremini mei, vos saltem amici mei. *La paraphrase du* nunc dimittis; *le retour et le repentir de l'enfant prodigue*, etc., etc.

Saint-Valery a, en outre, donné le jour à plusieurs hommes remarquables, tels que Martin Clairé, poëte latin de la société de Jésus, né en 1612, qui composa des hymnes ecclésiastiques; Dom Cauteleu, moine de la congrégation de saint Maur, en 1649, qui publia des *Insinuationes pietatis, seu vitæ sanctæ Gertrudis virginis et abbatissæ sancti Benedicti.* Paris 1622[1].

---

[1] On rapporte qu'un sentiment secret l'avertit de sa mort, et qu'il en fixa le jour. Cette singulière déclaration surprit d'autant plus, qu'il n'était point malade. Le 28 juin 1662, il rendit exactement ses comptes, fit appeler son successeur, et lui donna des instructions. Le lendemain, terme indiqué de son existence, il demanda la dernière épreuve de son livre, et après l'avoir corrigée, il expira. (M. LOUANDRE. *Biographie d'Abbeville et de ses environs.*)

XVI

Au commencement du 17ᵉ siècle, quelques années de paix avaient relevé Saint-Valery de ses désastres; la pêche et le commerce avaient repris leur activité. Malheureusement les variations incessantes de l'embouchure de la rivière compromettaient l'existence de ce port : les bancs de sable, dit le chevalier de Clerville [1], sont causes que les navires ne peuvent venir à Saint-Valery qu'en trois marées, et sont obligés de toute nécessité à mouiller dans cet intervalle soubs la pointe du Hourdel ou soubs le château du Crotoy. »

Cependant la science nautique avait fait des progrès depuis le règne de François Iᵉʳ; au routier de Jean de Bruges avaient succédé des instructions plus complètes sur la navigation des côtes et de l'embouchure des fleuves; *le Petit Flambeau de la mer* était mis entre les mains de tous les capitaines

---

[1] *Rapport du chevalier de Clerville sur les ports de la Picardie et de la Normandie.* Collect. Colbert. 122. Vᵒ.

de navires qui faisaient la navigation sur les côtes de l'Océan [1].

Le prolongement excessif de la pointe du Hourdel vers le Nord semblait être la cause de l'envasement qui se produisait sur la plage de Saint-Valery. Néanmoins, malgré les stations que les navires étaient obligés de faire au Hourdel et au Crotoy, le commerce de Saint-Valery était assez florissant. « Mais dit le chevalier de Clerville, comme l'anti-

---

[1] D'Étaple à la rivière de Somme, la côte court au Sud six grandes lieues. C'est une rivière dans laquelle il peut entrer des navires de moyenne grandeur, mais l'entrée en est très-difficile, car droit devant cette rivière il y a un banc qui la barre, et qui met au moins trois quarts de lieue en mer, ce qui la rend d'un difficile accès ; elle a néanmoins deux passages, savoir, un au Nord le long de la terre du Nord, et l'autre au Sud le long de la terre du Sud.

Pour passer par le Nord, il faut approcher la terre et prendre connaissance d'une tonne qui est à l'entrée des bancs, et quand vous êtes passé ladite tonne, vous gouvernez sur Saint-Vallery, qui est du côté du Sud de ladite rivière, et courre ainsi jusqu'à ce que vous soyez proche de la terre du Sud. A la pointe du Nord de l'entrée de cette rivière, le long de la terre, il y a encore quelques petits platons de sable qui mettent un peu au large, c'est pourquoi il ne faut point épargner la sonde ; et quand vous pouvez avoir un Pilote de terre, c'est encore le meilleur, car les entrées de cette rivière sont sujettes à changer, ce qui fait que l'on n'en peut pas bien écrire, joint que dans la rivière il y a plusieurs bancs qui sont de sable mouvant et fort sujets à changer.

Quand on vient de l'Ouest, et que l'on veut entrer dans la rivière de Somme, il faut mettre le *Crotoy* en dedans de la pointe de la rivière, la longueur d'un câble, et gouvernez ainsi jusqu'à ce que vous ayez connaissance de la première tonne : vous suivez ainsi les tonnes qui sont au nombre de trois ou quatre, que vous laissez toutes à tribord, c'est-à-dire, à terre de vous ; et quand vous êtes au-dedans desdites tonnes, de la pointe du Sud et de l'entrée de ladite rivière, alors vous gouvernez à l'Est dans la rivière, puis étant un peu dedans, vous gouvernez sur Saint-Vallery le long de la côte du Sud. Au-dedans de la rivière il y a beaucoup de balises qui facilitent la connaissance du canal allant à Saint-Vallery.

(*Le Petit Flambeau de la mer, ou le véritable guide des pilotes côtiers*, Bougard, page 3.)

pathie qui est entre les marchands de Saint-Valery et ceux d'Abbeville empêche que le débit des choses qui s'y apportent ne s'en fasse si bien et n'accommode ces deux lieux là tout ensemble par le commerce qu'ils pourraient faire l'un avec l'autre, il faudrait que quelque personne d'autorité prist soin de les concilier les uns avec les autres, ce qui ne serait pas trop malaisé, n'y ayant point d'intérêts de bien qui les séparent. »

Le port de Saint-Valery, dit toujours de Clerville, est assez bien placé pour l'exportation des vins de Laon, de Coucy et de la montagne de Rheims ainsi que des autres denrées qui peuvent y être apportées par la rivière de Somme. Le commerce de cabotage y était très-actif surtout avec Calais, la Normandie et la Bretagne; le nombre des navires qui accédaient annuellement au port était de 200 à 300 [1], il était plus fréquenté par le commerce que Boulogne et Dieppe. Il y avait, appartenant au port, vingt-deux navires du port de vingt à quatre-vingt tonneaux, qui allaient jusques en Flandre et en Hollande et rapportaient les marchandises de ce pays pour être expédiées par la Somme ou par charrois pour les pays de l'intérieur ou même pour Paris.

L'intendant général de Bignon dit dans ses Mémoires [2] : « à proprement parler il n'y a point de

---

[1] En 1766, il y entra 279 navires français et étrangers; l'année suivante, il en entra 331.
[2] *Mémoires de Bignon, intendant général de la Picardie.*

port à Saint-Valery, les navires se retirent le long du rivage dans une anse qui joint le faubourg de la Ferté, où ils sont à couvert.

« Le commerce de Saint-Valery est très-considérable, quoique l'entrée en soit difficile à cause des bancs de sable, mais il est d'ailleurs très-commode et très-avantageux par la facilité de faire transporter en Picardie, en Artois, en Champagne, à Paris les marchandises qui y abordent de tous les ports de France, de Hollande, d'Angleterre et de Hambourg, sans courir les risques et être exposées aux retards de la voie du Havre. »

« Un bâtiment se rend de Hollande à Saint-Valery en vingt-quatre heures par un temps favorable; les marchandises dont il est chargé sont en deux jours et demi à Amiens par des gribannes qui remontent la Somme. Si les marchands veulent faire plus de diligence et ne pas ménager les frais, ils font voiturer leurs denrées en trois jours de Saint-Valery à Paris. C'est ce qui a déterminé le conseil du roi à permettre l'entrée des dragues et *grosseries* par ce port, à la réserve néanmoins des cires et des sucres. »

Que dirait Bignon maintenant, où des marchandises chargées à Saint-Valery, sont six quarts d'heure après rendues à Amiens et peuvent l'être en moins de six heures à Paris?

Bignon donne ensuite ainsi le détail du commerce qui se faisait par Saint-Valery :

Sortie. Blés pour la Normandie, la Bretagne, l'Angleterre; fils de caret, toiles à voiles et d'emballage, étoffes d'Abbeville et d'Amiens pour l'Espagne, le Portugal; les vins de Champagne et de Bourgogne, des indigos des îles françaises et des safrans du Gatinais, des étoffes des fabriques du royaume et autres marchandises pour l'Angleterre et la Hollande.

Cabotage. Sucres des raffineries de Nantes, de la Rochelle, de Normandie, des Savanes, de Toulon, de Marseille; des vins et eaux-de-vie de la Rochelle, Bretagne, Bordeaux, Languedoc, des cidres d'Auge, des miels bruns de Bretagne, des prunes et autres denrées de Gascogne, des papiers de Caen, des beurres de Normandie et Bretagne, des sels du Brouage pour le fournissement des greniers, des pelleteries de la Rochelle, de la *molue* salée, de la pêche de la Normandie, Bretagne et la Rochelle.

Il y vient des pays étrangers des cendres communes de Danemark pour le blanchissage, des cendres potasses de Hollande pour la fabrication du savon, des huiles de baleine et poisson, des lins de la mer Baltique, des laines d'Espagne, du bois de *Campiel*, Brésil, bois jaune et autres drogues pour les teintures, de la *molue* salée, des harengs apportés par les Hollandais, quantité de fromage d'Hollande, des fers blancs et noirs de Hambourg.

La plus grande partie du commerce de Saint-Valery, dit Clerville, était dirigée à la Rochelle et à

Bordeaux; on y portait les toiles de Picardie, les fils de caret qui se filaient à Abbeville et dans les environs.

Un arrêt du conseil d'Etat du roi, en date des 8 novembre 1687 et 3 juillet 1698, avait désigné le port de Saint-Valery pour l'entrée des tissus provenant d'Espagne, d'Angleterre et de Hollande.

Il y avait, attaché à ce port, un inspecteur du roi pour les produits des manufactures étrangères.

La pêche se faisait dès le commencement du 17e siècle par soixante-dix grands bateaux : la morue et le hareng formaient l'objet principal de cette pêche, Ces poissons étaient débarqués et salés à Saint-Valery, et, d'après Clerville, les pêcheurs de ce port savaient si bien accommoder leur poisson, *avec une industrie qui est si fort au-dessus de celle des autres pescheurs de la coste de Picardie et de Normandie*, que les harengs dont les barils étaient à la marque de Saint-Valery, se vendaient par préférence quarante sous par baril plus que les autres.

D'après Bignon, intendant général de Picardie, Boulogne et Saint-Valery faisaient par an pour plus de quatre cent mille livres argent en harengs et maquereaux qui étaient distribués en Flandre, en Artois et à Paris.

Mais lorsque le chevalier de Clerville vint à Saint-Valery, en 16...., cette pêche était déjà bien détériorée; il en attribue la cause à l'excès des droits qui étaient imposés sur le poisson et particulièrement des droits *d'abord et de consommation;* il se plaint en outre de l'usurpation du privilége de la fourniture du sel, dont les adjudicataires des gabelles avaient obtenu la préférence par un arrêt du conseil royal, laquelle était cause que les marchands qui vendaient préalablement ces sels aux pêcheurs avaient cessé de les faire venir du Brouage. Les adjudicataires pouvaient ainsi impunément vendre cette denrée à un prix exorbitant, de sorte qu'au lieu de soixante-dix bateaux-pêcheurs le port de Saint-Valery n'en avait plus que douze petits et grands.

La pêche, au rapport de Clerville, faisait le principal intérêt du port de Saint-Valery; depuis longtemps, les marais salans du voisinage n'existaient plus et les habitants réclamaient instamment que la liberté leur fut rendue d'aller acheter leur sel sur les salines, sûrs que cette faculté augmenterait immédiatement le nombre de leurs bateaux.

« Sur la plainte générale de tous les habitants de la côte de Picardie, est-il dit dans le rapport de Clerville, de ce que messieurs des Gabelles font faire le transport des sels par les hollandais préférablement aux français; c'est chose un peu étrange que les français pouvant rendre un service aussy commodément et aussy avantageusement que les estrangers, que l'on s'opiniâtre à leur ôter le gain d'une somme de 11 livres, qui nourriroit beaucoup de matelots, pour faire gaigner cette mesme somme par des estrangers, auxquels, par toutes les ordonnances, il a esté deffendu de naviguer de port en port, et pour preuve que les français peuvent rendre ce service comme les estrangers, je m'obligerai à faire faire le transport des sels par des français pour le mesme prix que les adjudicataires donnent aux flamands.[1] »

Les administrateurs des cinq grosses fermes entravaient considérablement le commerce, et le chevalier de Clerville ne manque pas de l'annoter dans son rapport : il demande que les fermes soient régies « par de fort honnêtes gens, qui aient plus d'envie de plaire et de servir, que de s'enrichir par de petits profits. »

Le port de Saint-Valery armait aussi pour la pêche de la baleine. Le chevalier de Clerville y vit cinq bâtiments en construction pour cette destination; mais dans ce moment, dit-il, des spéculateurs obtinrent un édit sur les huiles de baleine, qui était très-préjudiciable à cette pêche comme au menu peuple, et les cinq navires ne purent être employés à cette industrie.

Le chevalier de Clerville porta son attention sur toutes les questions qui pouvaient intéresser le commerce de Saint-Valery; c'est ainsi qu'il représente au roi que le renchérissement des soudes dont le commerce de Saint-Valery faisait un grand débit pour le blanchissage des toiles de Picardie,

---

[1] *Rapport du chevalier de Clerville sur les ports de la Picardie.*

cause un préjudice considérable aux habitants de toutes les classes, il s'élève surtout contre les droits seigneuriaux auxquels les habitants étaient encore tenus et rappelle l'édit de Louis XII sur l'abus de ses redevances.

Ces droits qui durèrent jusqu'à la révolution de 1789, consistaient en prélèvements sur les censives, feux et fanaux, tonnes et balises, vicomté et prévôté, de trois moulins à vent, formant un revenu de 10,000 livres environ. Piganiol de la Force cite parmi ces sources de revenus, le droit de quatre deniers par livre sur le prix de tous les poissons qui se vendaient dans le port de Saint-Valery; celui de mesurage et minage sur tous les blés, orges, avoines et autres grains qui entraient et arrivaient à Saint-Valery et autres lieux de la baie de Somme; c'est-à-dire un sol ou douze deniers, par chaque septier pour droit de mesurage, et en outre une patelle ou la cinquième partie d'un boisseau par chaque septier de grain, mesure de Saint-Valery, pour droit de minage, lorsque les grains se vendent au marché ou en la banlieue de cette ville et dépendances. Les bourgeois et habitants du lieu étaient exempts de ce droit de patelle ou de minage, lorsque les grains leur appartenaient en propre. Il y avait, en outre, un droit de paulette, qui consistait en une taxe annuelle du soixantième de la valeur des offices. Il était perçu comme indemnité du droit de transmission des offices, qui fut consacré au profit de la veuve et des héritiers du titulaire, par ordonnance royale de 1604, et il prit son nom de celui de l'inventeur, Charles Paulet, secrétaire de la chambre du roi [1].

La ville de Saint-Valery, dit Clerville, mérite quelque considération par l'ancienne importance de son commerce et par les services qu'elle rendit à la cause royale. C'est le siége d'une amirauté composée d'un lieutenant, d'un procureur du roi, avec substitut et d'un greffier, Il y a, en outre, un gouverneur militaire, un lieutenant du roi et un major [2].

La seigneurie de Saint-Valery avait été détachée du Ponthieu pour faire partie du comté d'Amiens; plus tard, par lettres patentes du roi Louis XIV, le comte d'Artois en obtint la mouvance ainsi que de la seigneurie de Cayeux.

Le marquis de Saint-Valery, Nicolas-Joachim Rouault, lieutenant général des armées du roi, dont nous avons parlé plus haut, était mort en 1637, âgé de 68 ans; il avait laissé entre autres enfants, Joseph-Emmanuel-Joachim, brigadier, mort en 1691, lequel avait eu pour fils Jean-Joseph qui fut tué à la bataille d'Hochsteedt.

A la fin du xvii° siècle, le seigneur de Saint-Valery était Claude-Jean-Baptiste-Hyacinthe Rouault,

---

[1] Piganiol de la Force, cité par M. Darsy. *Gamaches et ses Seigneurs.*
[2] *Rapport du chevalier de Clerville sur les ports de la Picardie.*

marquis de Gamaches, brigadier d'armée en 1690, maréchal de camp en 1696, lieutenant général des armées de Sa Majesté, etc., etc. Il avait pour fils, Jean-Joachim, comte de Cayeux, brigadier d'armée, marié avec madame N..... qui, dit notre mémoire anonyme! « aura un jour quatre-vingt-dix mille » livres de rentes. »

Le dit seigneur Rouault, gouverneur de Saint-Valery, advoué et advocataire de l'abbaye, avait la haute justice et voirie; en 1708, il réclamait encore des droits de travers et péages sur les marchandises passant à Saint-Valery. Il fut ordonné, à cette époque, par le conseil d'Etat, que le marquis aurait à justifier de sa possession [2].

Le commerce réclamait vivement contre ces droits, parce qu'il entravait ses opérations. Tous les navires, même ceux à destination d'Abbeville, étaient tenus de venir à Saint-Valery pour y décharger leurs marchandises, les faire visiter et en acquitter les droits. La ville d'Abbeville réclama contre cet usage et demanda que les navires pussent venir avec le *bouillon de la mer* jusqu'à leur quai, sans être obligés de toucher ni au Crotoy, ni à Saint-Valery. Le conseil d'Etat, par un arrêt du 12 mai 1716, voulut bien qu'on ne déchargeât plus les marchandises à Saint-Valery et qu'on ne les y visitât

---

1 *Mémoire pour l'Histoire civile et ecclésiastique de Saint-Valery-sur-Somme.*
2 *Archives de la Somme.* Liasse intitulée : PÉAGES.

plus; mais seulement il tint à ce qu'on y payât les droits d'entrée sur la déclaration des armateurs et sur les connaissements et acquits-à-caution visés par les commis du fermier, lesquels seraient ensuite portés au bureau d'Abbeville pour être vérifiés.

Cette époque (fin du xviie et commencent du xviiie siècle) était brillante pour le port de Saint-Valery; le chenal de la Somme s'était fixé contre le quai de la Ferté, et de ce point il traversait la baie pour passer près du Crotoy, d'où sa direction était directe vers la mer[1]. Les navires les plus gros entraient d'une seule marée dans son port ou bien relâchaient pendant une marée au Crotoy: aussi est-ce le temps de la grande prospérité et du grand renom du port de Saint-Valery, où abordaient les navires de toutes les nations maritimes.

En 1718, une maladie épidémique, *la Suette*, apportée par un navire hollandais chargé de laine, causa de grands ravages à Saint-Valery et dans le Vimeu. La châsse du saint patron de l'abbaye fut promenée dans les rues et exposée à la vénération des fidèles; mais la maladie fit des ravages qui ne se ralentirent qu'avec le temps. Il mourut 1,100 personnes à Saint-Valery.

Les seigneurs de Saint-Valery avaient vendu ou cédé peu à peu chacun de leurs droits à l'abbaye : le dernier de ce nom, Nicolas-Aloph Rouault, brigadier

---

1 Voir les cartes et plans, au dépôt des cartes de la marine, à Paris.

des armées du roi, afferma en 1778, par acte notarié au profit de Nicolas Bataille, fermier général du prince de Monaco, demeurant à Paris, entre autres biens, la terre et seigneurie de Saint-Valery et la terre, pays et roc de Cayeux, régis par la coutume d'Amiens. Le seigneur de Rouault se réservait néanmoins le château de Saint-Valery avec droits de chasse, droits de nomination aux offices, la présentation aux bénéfices, cures et chapelles, les droits honorifiques, ceux de garde-noble, de lods et ventes, etc. Si ce bail était sérieux, dit M. Darsy, à qui nous empruntons ces détails, on pourrait croire qu'il avait pour but d'assurer au comte de Rouault le paiement régulier et mensuel de revenus qui lui arrivaient trop longtemps au gré de ses désirs et de ses besoins incessants, pas les voies ordinaires de perception [1].

A la révolution, le comte de Rouault émigra et mourut sur la terre étrangère. Ainsi finit la seigneurie de Saint-Valery.

[1] *Gamaches et ses Seigneurs*. 2ᵉ partie, par M. Darsy.

XVII

Les anciennes relations géographiques représentent Saint-Valery comme une ville d'une grande importance commerciale, dont le port était un des plus fréquentés des ports de la Manche. L'ingénieur Coquart, qui avait été commis par les négociants de Saint-Valery pour faire les plans d'un port à y créer, la dépeint ainsi :

La ville de Saint-Valery au comté de Ponthieu, en basse Picardie, est très-ancienne; elle est située sous le $50^d 10^m$ de latitude et par les $20^d 18^m$ de longitude, à quatre lieues d'Abbeville, dans une belle campagne du pays du Vimeu, sur le bord escarpé d'un cap du rivage de la Somme[1].

La ville haute de Saint-Valery, dit Lesueur, sur la rive gauche de la Somme, est située sur un tertre élevé de soixante à quatre-vingts pieds au-dessus des laisses de basse mer[2].

[1] *Projet pour le rétablissement du port de Saint-Valery que la mer a ensablé.* Bibl. de M. Poncet de la Grave. 17, suppl.
[2] *Reconnaissance du port de Saint-Valery* 1815. Lesueur, cap. du génie. Comité des fortifications à Paris.

Dès le milieu du xviii° siècle, ses fortifications n'étaient plus ce qu'elles avaient été autrefois; des brêches considérables n'avaient point été réparées et ne représentaient plus que des ruines. Cependant Coquart, dit que de son temps, il y avait encore une bonne muraille formant un plan irrégulier, fortifié d'un rempart avec un fossé sec, le tout flanqué de grosses tours pour en défendre l'approche. En 1767, une de ces tours, qui existait encore, était remarquable par un escalier double, disposé de manière que deux personnes qui y montaient en se tournant le dos, se retrouvaient en face l'une de l'autre en arrivant au haut [3].

La ville n'était percée que de deux portes qui devaient avoir été assez bien défendues. Celle de l'abbaye du côté de la ville d'Eu, vers le Midi, avait un pont-levis; celle de la Ferté, du côté d'Abbeville, vers l'Est, au bout du fossé, sur le bord de la mer, avait une forte barrière, défendue par un fer à cheval et par d'autres ouvrages qui en commandaient toutes les avenues et qui enfilaient aussi le fossé en croisant leurs feux avec ceux d'un épaulement pratiqué dans le fossé du château, sous le pont de secours établi du côté de l'abbaye. Cet épaulement défendait aussi les abords du corps de la place jusqu'à la porte d'Eu. Le reste de l'enceinte

---

[3] Une note manuscrite de M. Saumon dit que cette tour avec son escalier était située derrière l'église, qu'elle fut démolie jusqu'à hauteur du sol et que l'escalier disparut en 1780. F. L.

vers le Nord, depuis cette porte jusqu'à celle d'Abbeville, était défendu par la mer qui baignait ses murs deux fois tous les vingt-quatre heures.

Les tours qui protégaient le corps de la place étaient demeurées à découvert ainsi que les ouvrages des deux portes, depuis le sac de cette ville en 1473 par le duc de Bourgogne. Le château seul avait été entretenu et, en 1737, lorsque Coquart écrivait son mémoire, il était encore en assez bon état, sauf son épaulement et le pont de secours qui étaient restés en ruine. La tour était encore debout, mais ses plate-formes, escaliers et autres ouvrages intérieurs, avaient sauté, comme nous l'avons dit plus loin, par suite de l'explosion d'un magasin à poudre qui avait été ménagé au-dessous.

La tour *à roc*, située au bas de la mer, existait encore en partie ainsi que la plate-forme de sa batterie, percée de quatre embrâsures. Cet ouvrage renfermait un magasin pour les munitions de son service. Il avait dû exister une batterie supérieure, ainsi qu'on en pouvait juger par une galerie voutée que son état de dégradation empêchait de bien reconnaître, mais qui suivant toute apparence, traversait le rempart et communiquait aux ouvrages de la porte d'Eu et peut-être au château.

Le revêtement, depuis cette tour jusqu'à celle de l'église, était à peu près dans l'état où nous le voyons aujourd'hui; une partie avait coulé à la mer en 1720 ou 1721, faute d'un léger entretien qui aurait évité cet accident. Ce revêtement soutenait la poussée des terres à plus de quarante pieds de hauteur. Le quartier de la ville qui était situé sur le haut de cette falaise, souffrait considérablement de cette dégradation; on y voyait des maisons à moitié renversées et les autres étaient abandonnées. Coquart parle d'une des plus belles maisons de la ville qui, de son temps, au mois de mai, coula avec les terres en une seule marée; plusieurs autres étaient menacées de ruine par la même cause et l'on ne voyait aucun moyen d'y apporter remède.

La muraille de l'église était encore en bon état; il existait autour de l'église un chemin de ronde. « A l'égard des corps-de-garde, chambres des orgues, et autres logements à la porte d'Abbeville, qui joignent la paroisse, dit Coquart, on les a employés utilement pour en faire le presbytère dans lequel le curé est logé. »

Les choses changèrent peu pendant un siècle. Voilà comment s'exprimait en 1815, le capitaine du génie Lesueur, chargé de faire un rapport sur l'état des fortifications de Saint-Valery :

« Son ancienne enceinte établie sur escarpement et construite en maçonnerie, est culbutée sur un tiers environ de son développement; sur les deux autres tiers, elle est restée intacte et a conservé depuis trois jusqu'à douze et quinze pieds d'élévation au-dessus du sol de la ville. Cette enceinte était environnée d'un fossé sans eau de huit à dix pieds de profondeur, dont moitié du développement a été rempli de terres et de décombres pour l'établissement d'une promenade publique.

» Les restes de ses murs sans terrassement ont de trois à six pieds d'épaisseur à la base; ils appartiennent à des particuliers qui y ont adossé différentes constructions : il serait peut-être convenable, si on leur en interdissait la jouissance, de les indemniser.

» Cette enceinte a six cents toises environ de développement; elle pourrait exiger pour sa défense une garnison de 600 hommes environ.

» Cette position est soumise au commandement de quelques hauteurs fort élevées, qui n'en sont distantes que de cent à cent cinquante toises et qu'il ne faudrait céder qu'à la dernière extrêmité, afin de retarder l'époque de leur occupation par l'ennemi.

» Après une défense de quelques jours la garnison pourrait se retirer dans l'église qui est suffisamment grande et solide pour s'y retrancher[1]. »

Ainsi le capitaine Lesueur, qui écrivait ces lignes en 1815, s'exprimait en vieux troupier décidé à ne broncher d'une semelle et à se faire sauter sur les dernières ruines de la place plutôt que de se rendre.

Au temps de Coquart, Saint-Valery n'avait plus qu'une seule paroisse dédiée à Saint-Martin[2], la

---

[1] *Reconnaissance du poste de Saint-Valery*, 1815. *Lesueur*, cap. du génie.

[2] Dans une chapelle de l'église de Saint-Valery on remarque une peinture en grisaille assez en ruine, et trois tableaux sur bois portant la date de 1615. H. DUSEVEL.

ville était ornée de deux belles et longues rues qui la traversaient presque d'un bout à l'autre; elle avait aussi un baillage, vicomté, amirauté et grenier à sel; le petit nombre de ses bourgeois étaient tous officiers de ces justices, et le reste de ses habitants consistait en brasseurs, petits marchands, cabaretiers et autre menu peuple.

Les prisons de la ville étaient dans les souterrains et corps-de-garde du château; Coquart dit que les appartements au-dessus étaient alors occupés par le bailly qui y faisait sa résidence.

La place n'avait plus de gouverneur d'état-major, mais elle avait un maire chargé du soin de l'entretien de son enceinte et des ouvrages publics, comme aussi de veiller à la police, de concert avec le subdélégué de l'intendant.

« Il y a toute apparence, observe Coquart, que son revenu est très-peu de chose, mais qu'il ne suffit pas à beaucoup près pour subvenir aux entretiens des ouvrages publics à quoi l'on doit présumer qu'il est employé. On ne sait point quel est son revenu ni à qui ce maire en rend compte. »

Coquart ne nous donne pas l'étendue de la ville; mais d'après les recueils géographiques de cette époque, elle avait huit cents maisons [1].

---

[1] L'auteur de l'*Itinéraire descriptif* ou *description routière, géographique, historique et pittoresque de la France et de l'Italie*, (3ᵉ partie) pour 1816, in-8°, dit, en parlant de la ville de Saint-Valery, qu'elle est peuplée d'environ 4,000 habitants, et celui du livre intitulé *Bienfaisance française* ou *Mémoire pour servir à l'histoire de ce siècle*, in-12, Paris 1778, ajoute qu'un des quartiers ap-

Coquart entre ensuite dans des détails étendus sur l'économie de la ville. « Tous les puits, dit-il, sont saumaches et l'eau douce s'y achète comme à Paris; mais les bourgeois les plus aisés ont des citernes chez eux pour subvenir à leurs besoins.

» Le marché tient deux fois de la semaine et cette ville a une foire à la Saint-Martin d'hiver, qui dure deux jours sous le nom de *Troterie*, où il se vend toutes sortes de marchandises et bestiaux nécessaires aux besoins de la vie.

» Saint-Valery a deux faubourgs, celui de l'abbaye, qui est le moins considérable, a sa paroisse dédiée à Saint-Nicolas : c'est une petite chapelle dans l'église du monastère des bénédictins. La chapelle de Saint-Valery existe dans ce faubourg sur le plus haut du cap au bord de la Somme. Il y a, au pied de cette chapelle, une fontaine d'eau douce qui porte le nom de ce saint et qui fournit de l'eau à la ville. Les habitants du faubourg de l'abbaye sont presque tous maraichers et manouvriers, excepté quelques laboureurs. On y voit un très-beau carrefour orné d'une belle croix de pierre de taille[1].

---

pelé faubourg de la Ferté, n'a que trois rues qui en partagent toute la longueur et que l'on y compte douze cents maisons.

Dans les *Voyages en France*, depuis 1775 jusqu'en 1817, on n'élève pas aussi haut le nombre des maisons de Saint-Valery; on y lit avec surprise : « *Saint-Valeri*, très-petite ville. Vous n'aurez pas plus de sept à huit maisons à distinguer dans ce lieu, et ces maisons appartiennent à sept ou huit négociants qui font tout le commerce de l'endroit; il consiste en entrepôt des eaux de vie de Rhé et des huiles et savons de Marseille.

(*Notes de M. H. DUSEVEL.*)

1 Voir plus haut, page 113.

» Le faubourg de la Ferté est beaucoup plus considérable que la ville; deux longues rues presque parallèles qui s'étendent à mi-côte depuis la côte de la Ferté jusqu'au cap du Montant en font le plan. Sa situation le long du bord de la Somme est si agréable, que la commodité de ce lieu y a fait établir un grand nombre de commissionnaires qui font les affrètements, reçoivent les marchandises et tiennent ouverts les magasins des négociants qui font leur commerce dans ce port.

» Il en est peu dans ce faubourg qui négocient pour leur compte; c'est aussi la résidence des capitaines, maîtres de navires, pêcheurs, pilotes côtiers, matelots et de tous les gens de mer; la douane, les aides, les traites, la vicomté et tous les autres bureaux y sont établis, excepté celui des classes, qui se tient dans la ville. Il y a des gens de métier de toutes les professions, absolument nécessaires; mais il y manque un *hidrografe*, qui y serait très-utile pour l'instruction d'un grand nombre de jeunes gens de bonne volonté, mais qui ne sont point en état de soutenir des pensions en s'absentant de chez eux pour aller aux écoles de marine [1], dont la plus proche est à Dieppe. La corderie et la charpenterie sont situées à son extrémité le long de la grève, vers le cap du Montant.

» Ce faubourg, qui renferme une quantité nom-

---

[1] Une école d'hydrographie de la marine a, depuis cette époque, été créée à Saint-Valery. F. L.

breuses d'habitants, tant naturels qu'étrangers, n'a point de paroisse que celle de la ville dont ils sont éloignés quoiqu'ils en fassent partie; mais, par arrêt du conseil, ils ont obtenu depuis peu d'années, la permission de faire construire à frais communs, une chapelle qu'ils ont dédiée à la Vierge et où ils entretiennent un prêtre qui n'a point d'appointements fixes et qui ne subsiste que d'une quête annuelle, qu'il fait chez les *fretelois*, et de ce que lui produit un petit nombre d'enfants de matelots qu'il enseigne, ce qui le fait vivre au-dessous de la médiocrité[1]. Ils ont aussi un Hôtel-Dieu où il y a plusieurs lits fondés pour les malades et des sœurs de communauté pour l'éducation des jeunes filles.

» Ce qu'on voit dans ce faubourg de plus considérable, est un fameux dépôt de sels, bâti depuis deux ans, qui est d'une si grande contenance qu'il pourrait fournir à l'entretien des greniers de la haute Normandie, de la Picardie, de la Champagne et de la Bourgogne; mais cet édifice, qui a coûté cent mille écus, est à la veille de devenir inutile après une dépense si considérable, par le mauvais état du port, qui ne peut être plus près de sa ruine.

---

[1] Les habitants du faubourg de la Ferté étaient obligés, avant 1778, d'aller à la ville pour le service divin, ce qui leur était très à charge, par rapport à l'éloignement, mais cette année, pour leur commodité, ils firent bâtir à leurs dépens, dans le faubourg, par permission du Roi, et avec l'agrément de l'évêque d'Amiens, une chapelle succursale qui est sous l'invocation de *Saint Pierre*. On y entretient aussi aux dépens des fondateurs un chapelain.

(*Note communiquée par* M. H. DUSEVEL.)

» Il y a sur les hauteurs de la Ferté trois moulins à vent qui ne sont point suffisants à la consommation du blé pour la ville et les faubourgs : dans les bas-vents, les habitants sont obligés de faire venir le pain d'Abbeville, incommodité fâcheuse pour eux, aussi bien que pour les équipages qui s'arrêtent dans ce port et qui sont destinés pour le long cours, ce qui les oblige souvent à relâcher pour faire leur provision de biscuit dans leur route. »

Le moulin à eau du Mollenel avait été détruit pendant les guerres du duc de Bourgogne. En 1636, un sieur d'Assigny le rétablit sur ses anciens fondements, moyennant une redevance de vingt livres par an, pendant vingt ans, après quoi il retournerait à l'abbaye.

Le moulin rétabli, le sieur Dassigny afferma à l'abbaye, moyennant douze livres et six carpes par an, la rivière d'Amboise, dont il fit un étang qu'il peupla de carpes, de brochets et autres poissons d'eau douce. Mais en 1655, la mer rompit la digue et détruisit l'étang et les molières jusqu'à la hauteur de Neufville.

Après l'expiration de la jouissance d'Assigny, le moulin retourna à l'abbaye qui continua à le donner à bail. En 1738 il était loué 400 livres par an. M. Coquart entre dans de longs détails sur les différents et les procès que ce moulin suscita entre les moines et les propriétaires des molières.

« Tous les puits, comme ceux de la ville sont

saumaches, excepté un seul dont les eaux sont douces quoiqu'il soit percé sur le bord de la falaise de pleine mer de vive eau, au bout de la corderie et au bas du cap du Montant; il est inépuisable et fournit de l'eau à tous les besoins des fretelois dont la plupart ne laissent pas d'avoir des citernes chez eux pour s'épargner l'achat de l'eau de ce puits, qui se vend là comme à la ville. »

M. Coquart dit peu de chose de l'abbaye. « C'est, dit-il, une maison royale de bénédictins qui possède cinq corps saints et a donné pour évêques d'Amiens Regembeau et Raimbert. Elle reçut la réforme de la congrégation de saint Maur, par les soins de Jean Bentivoglio leur abbé, en l'an 1644.

M. Dusevel nous dit que parmi les manuscrits que possédait cette ancienne abbaye, on remarquait le roman de *Guarim li Loherens*, dont M. Paulin Paris a publié une bonne édition en 1833-36, d'après le texte des divers manuscrits de ce roman célèbre au moyen-âge, existant à la bibliothèque impériale et à celle de l'arsenal à Paris. Le manuscrit de l'abbaye de Saint-Valery était beaucoup plus complet; c'était un fort volume in-4°, sur velin, écriture du treizième siècle, à deux colonnes, reliure en bois, recouverte d'un taffetas broché bleu. Il contient, dit l'auteur de la notice publiée sur ce roman, dans le bulletin du bibliophile, n° du 13 mai 1841, pages 563 à 564, deux cent vingt-neuf feuillets de 21,200 vers environ. Il offre un des textes les plus purs que l'on connaisse et semble appartenir au dialecte picard ou à celui de l'Ile de France. On y trouve, ajoute cet auteur, des variantes intéressantes avec le texte publié par M. Paulin Paris, et la leçon que nous citons est de nature à fixer vivement l'attention des philosophes et des historiens.

Les villages environnants s'étaient relevés des désastres qui les avaient accablés depuis les guerres avec l'Angleterre; mais la plupart étaient encore composés de cabanes en terre, couvertes avec des roseaux ou de la paille, véritables huttes de sauvage enfumées qui ne recevaient de jour que par la porte. Don Grenier, en nous parlant du village de Cayeux, compare les maisons à des tannières séparées les unes des autres « à une distance assez considérable, dit-il, on les prendrait pour des *hourdes* ou des cabanes de bergers. Il n'y a pas la moindre herbe à Cayeux : je crois qu'il n'y a qu'un seul arbre dans le village près du moulin situé sur le Mont-Rôti [1]. »

Il y avait à cette époque à Cayeux une manufacture royale de glaces de France qui fut détruite le 26 septembre 1727, par le feu qui prit à une brasserie du bourg. Tout y fut consumé ainsi qu'une grande quantité de matières toutes préparées [2].

---

[1] *Projet pour le rétablissement du port de Saint-Valery sur-Somme.* Coquant. Bibl. de M. Poncet de la Grave.
[2] *Journal de Verdun.* Année 1727, sept.

Les maisons de Saint-Valery n'étaient guère plus belles et plus solides que celles des villages : construites en bois et en terre mêlée de paille, elles prenaient feu aisément. Mais depuis le règne de Louis XIV, on commençait cependant à construire des maisons neuves en pierres et en briques; on établit le long de la rue de la Ferté des maisons élevées sur pilotis, pour les affranchir des marées qui inondaient fréquemment les rues et les quais. On voyait déjà dès 1750, quelques belles maisons sur le quai de la Ferté et dans la ville.

La Ferté était reliée à la ville par un quai spacieux qui servait de promenade publique aux fretelois et aux valericains; mais ces quais construits en 1640, étaient en très-mauvais état; ils étaient soutenus sur beaucoup de points par des planches retenues par des piquets. M. Coquart raconte que plusieurs parties de ce quai tombèrent de son temps sous les coups de la mer, et que les matériaux dont il était construit se retrouveraient encore sous le sable si on les y cherchait. « Il ne reste plus de ce port, dit-il, que les pieux d'amarrage qu'on y a laissés comme pour servir de témoignage d'un changement si extraordinaire. »

D'après un recensement fait en 1772, la ville de Saint-Valery, y compris ses annexes, Ribeauville et Rossigny, contenait 818 feux et 2,807 habitants[1].

---

[1] Dom Grenier. Art. *Saint-Valery.*

La situation du port continuait d'inspirer les plus grandes inquiétudes; toutes les relations du temps en donnent une idée qui nous paraît cependant exagérée [1]. Les navires qui entraient en Somme à la destination de Saint-Valery, relâchaient au Crotoy pour y attendre les vives eaux et y transbordaient une partie de leur cargaison; mais, en vertu de l'ancien usage, ils étaient obligés de venir à Saint-Valery acquitter leurs droits de douane, de navigation et autres. Cette obligation excitait des réclamations de la part du commerce d'Abbeville. En 1734, les négociants de cette ville présentèrent au conseil d'amirauté, un Mémoire pour obtenir que les navires à leur destination puissent remonter *du bouillon de la mer* à Abbeville, sans acquitter à Saint-Valery [2], ainsi que cela se pratiquait autrefois.

Ce Mémoire nécessita une réplique de la part du commerce de Saint-Valery. Il s'ensuivit une très-longue polémique à laquelle on vit l'avocat Linguet prendre part en 1764, dans son ouvrage sur les canaux navigables.

Ces discussions n'amélioraient point la situation, et la navigation dans la baie de Somme devenait de plus en plus difficile. L'ingénieur Cocquart, raconte que le 18 février 1737, douze navires frétés à Saint-Valery à morte charge, entreprirent la sortie de ce

---

[1] *Abrégé des annales du commerce de mer d'Abbeville.* M. Traullé page .
[2] *Projet pour le rétablissement du port de Saint-Valery-sur-Somme.* Cocquart.

port dans le coup de pleine mer. Surpris par le calme, ces navires perdirent un temps considérable à chenailler avant d'arriver au lit de la Somme sous le Crotoy; ce ne fut qu'à basse mer qu'ils purent arriver au bas de la Somme où ils échouèrent tous sur les bancs : trois y furent entièrement naufragés et les autres ne s'en tirèrent qu'avec des avaries considérables qu'ils durent faire réparer dans les ports voisins où ils se hâtèrent de relâcher [1].

Le hâble d'Ault était à cette époque encore ouvert à la navigation; il servait aux pêcheurs de Cayeux qui y retiraient leurs bateaux à l'abri des coups de la mer. Un fanal avait été élevé à son entrée et se hissait au haut d'un mât au moyen

[1] Le port de Saint-Valery est assez commerçant; sa situation est sur la rive gauche et près de l'embouchure de la Somme, presque en face du bourg du Crotoy, qui se trouve sur l'autre rive. La marée s'y élève à douze pieds; l'entrée en est difficile à cause des bancs de sable. C'est dans la baie de Saint-Valery que vint s'échouer, il y a quelques années, un énorme cétacé dont ont parlé les journaux du temps et qui a été classé parmi les baleines.

M. Durand, *Observations et réflexions politiques sur le commerce et les finances du royaume*, etc., précédé de *Recherches relatives au commerce de Picardie*, seconde édition. Paris, 1789, in-8°, a écrit le passage suivant sur la situation du port de Saint-Valery :

« La situation du port de Saint-Valery est une des plus précieuses que l'on puisse trouver pour l'utilité du royaume, par les grands débouchés qui lui sont ouverts; mais la nature en a malheureusement rendu la fréquentation infiniment dangereuse. Fixé sur la partie méridionale de la Somme, à plus d'une lieue de son embouchure, des sables et des écueils en ont en tout temps fait redouter l'approche. Une côte plate, des bancs énormes qui barrent l'entrée de la rivière, une laisse de basse mer immense, l'impossibilité de franchir l'entrée de la baie, même pour les bâtiments de moyenne grandeur dans les marées de morte-eaux, tels sont les obstacles qu'il faut vaincre pour arriver à ce port, qui, d'ailleurs, offre des ressources si utiles et se trouve par le fait, le plus important de la Picardie (pages 6 et 7). (*Note communiquée par M. H. DUSEVEL.*)

d'une corde et d'une poulie. Mais le comte de Rouault, seigneur de Cayeux, afin de recouvrer une centaine de journaux de terre que la mer inondait, obtint un arrêt du conseil d'Etat pour faire boucher cette crique; les travaux furent exécutés en 1754, aux dépens de la Généralité de Picardie; la digue que l'on construisit à cet effet porte encore le nom de Grand barrement [1].

Les bateaux de pêche de Cayeux qui se retiraient ordinairement au hâble, furent obligés d'aller chercher un abri beaucoup plus loin, dans une crique formée par la mer au Sud de la pointe du Hourdel. Cette pointe qui, par son prolongement progressif vers le Nord, avait déterminé la formation du territoire alluvien de Hurt, Wathichurt et Sallenelle, étendait l'alluvion sur le Cap-Cornu qui avait été autrefois le port de Saint-Valery; des digues nouvelles, s'appuyant d'un côté sur la pointe du Hourdel et de l'autre sur la terre de Saint-Valery, s'ajoutaient aux anciennes digues et repoussaient l'alluvion dans la baie, de manière à y entraver la navigation sur la rive gauche.

Ce malheur qui menaçait le port de Saint-Valery, excitait les inquiétudes du commerce; des suppliques furent adressées à la chambre de commerce de Picardie, puis au roi. Dans un de ces mémoires, il est dit:

[1] L'embouchure de ce hâble se trouvait, à l'époque du barrement, tout près de Cayeux; en 1400 elle était très-voisine d'Onival près d'Ault. Dans l'espace de trois siècles et demi, elle s'est avancée de sept à huit mille mètres vers le Nord. (*Notice sur la baie de Somme*, M Quinette.)

« Le port de Saint-Valery, Sire, est dans ceux du second ordre, un des plus considérables du royaume, c'est le seul que cette province possède. Il sert non-seulement à son commerce maritime, qui y attire de toutes les parties de l'Europe les choses nécessaires à la vie, et les matières propres aux manufactures; mais son utilité s'étend beaucoup plus loin; il est aussi l'entrepôt des provinces de Champagne, de Bourgogne, des Trois-Evêchés, de la Lorraine, d'une partie de la Suisse, de Lyon et de Paris même, qui, dans les circonstances pressantes, trouve, par le passage de ce port, beaucoup plus de célérité que par la voie de la Seine.

» La rivière de Somme faisait autrefois la richesse et la sûreté du port de Saint-Valery. Elle y dirigeait son cours, le traversait dans toute son étendue, y entretenait une profondeur et une quantité d'eau salutaire aux vaisseaux, et ensuite leur creusait un chenal facile pour l'entrée et la sortie jusqu'à la pleine mer; mais ces avantages ont disparu depuis plusieurs années, par l'éloignement de cette rivière qui s'en est retirée de sept à huit cents toises. Il est résulté de cet éloignement un amas immense de sables dans l'intervalle qui sépare aujourd'hui la Somme du port, et ces sables se sont élevés à tel point, que dans les plus hautes marées, il n'y monte pas assez d'eau pour que les grands vaisseaux de deux cents tonneaux franchissent ce passage. Les plus petits ne le font même qu'avec beaucoup de danger, et on est fondé à croire, suivant de nouvelles opérations, que dans peu de temps il ne pourra y en aborder aucun.

» Cette perspective alarmante a déterminé les habitants de Saint-Valery à adresser aux suppliants le mémoire qu'ils joignent à la présente requête ainsi que la délibération soit prise en conséquence[1]. »

L'ingénieur Coquart avait produit des plans à l'appui de son projet : il creusait un vaste bassin dans la vallée de Neuville et l'alimentait des eaux de la petite rivière d'Amboise. Le projet ne fut point adopté.

Après M. Coquart, M. OEillo des Bruyères, ingénieur à Saint-Valery, proposa un plan qui, prenant la Somme à Grand-Port, l'amenait dans l'anse que forme le port de la Ferté et la laissait ensuite se diriger sur le Crotoy pour tomber à la mer vers la pointe du Hourdel. Ce projet présenté en janvier 1777 au comte de Maurepas, fut également repoussé.

Le conseil des ponts-et-chaussées admit un projet qui établissait un canal depuis Sur-Somme près Abbeville jusqu'à la falaise du Moulenel à Saint-Valery, et un arrêt rendu par le roi, le 18 octobre 1778, en prescrivit l'exécution.

Les travaux furent commencés en 1786, mais lentement; la révolution de 1789 vint les arrêter tout à fait.

---

[1] *Registre aux délibérations de la chambre de commerce de Picardie*, 1777, page 8.

XVIII

La révolution de 1789 avait bouleversé les usages et les coutumes. Le peuple déchaîné dans sa fureur, avait fait main basse sur ce qui lui rappelait les rigueurs du passé. Le dernier seigneur de Saint-Valery s'était expatrié sur la terre britannique; les moines de l'abbaye disparurent comme par enchantement, et la populace se vengea sur les objets qui lui rappelaient sa servitude et ses misères, l'abbaye fut détruite et ce qui en restait vendu comme propriété nationale.

On trouve, dit M. Dusevel, dans un *Catalogue de lettres autographes* [1] l'indication d'un document curieux pour l'histoire de Saint-Valery pendant la révolution. Les commissaires nommés pour établir *le culte de la raison* à Montagne-sur-Somme (c'est ainsi qu'on voulait alors appeler Saint-Valery), écrivent à André Dumont, afin d'accuser réception à ce dernier de l'arrêté par lui pris pour la conversion du ci-devant *Temple de l'imposture* (l'église)

---

[1] *Catalogue de lettres autographes.* In-8° 1857, page 6.

en halle au bled. Voici un petit échantillon de leur style démagogique :

« Nous avions fait commencer le déménagemont du ci-devant temple; déjà le vieux Saint-Pierre, le gros Saint-Christophe, Saint-Georges le bien monté, le bien coiffé Saint-Roch, le bien accompagné Saint-Antoine, la bien amoureuse Sainte-Thérèse, le gros cœur du sieur Jésus, ci-devant Christ, les vierges et leurs enfants, etc., avaient été envoyés au bûcher, après avoir reçu maintes croquignoles, maints horions qui les rendaient un peu méconnaissables. A l'égard des autres messieurs et dames peints sur toile, sur bois, sur papier; moulés, sculptés, etc., ainsi que des os pourris, cariés, révérés sous le nom de reliques, il en a été fait un vilain autodafé..... Les os que contenait une des châsses étaient enveloppés dans une chemise de femme et parmi ces os était une mâchoire d'âne dont le citoyen Baillet, chirurgien et juge-de-paix de cette ville, est porteur pour la montrer à tout le monde comme un échantillon de la vénération que méritaient de pareilles reliques, etc., etc.[1]. »

Avec la révolution, les vieux droits et les vieilles redevances que réclamaient encore les moines de l'abbaye étaient tombés; le commerce allait s'établir sur des bases solides; par lettres patentes du roi Louis XVI, données à Paris le 15 avril 1792, un

---

[1] *Notes de* M. DUSEVEL.

tribunal de commerce était institué à Saint-Valery à cause de l'importance de son port qui, à cette époque, comptait quatre-vingt-cinq navires appartenant à ses armateurs.

Plus tard, par un décret du 6 octobre 1809, le ressort de ce tribunal fut composé des cantons de Saint-Valery, Rue et Ault; mais, un an après, le canton de Rue, à cause de la difficulté des communications au travers de la baie de Somme, en fut distrait et joint au ressort du tribunal de commerce d'Abbeville.

La décadence de la navigation par suite de l'éloignement de la rivière de Somme, fit proposer la suppression du tribunal de commerce de Saint-Valery; mais une délibération du conseil général déclara qu'il était indispensable de le maintenir et la proposition de suppression fut rejetée.

On fit pendant la révolution des assignats de caisse patriotique de dix, quinze et vingt sols, qu'on émettait pour un temps limité d'une année au plus, puis on les détruisait à mesure qu'ils étaient remboursés. Ces papiers jetèrent le désordre dans les affaires, plusieurs maisons ne purent le supporter et il y eut à cette époque de grands désastres dans le commerce de Saint-Valery.

Saint-Valery, avait comme les autres villes de quelque importance, envoyé son député à la législature et à la convention : ce fut M. Ricot qui eut l'honneur de protester contre le 31 mai 1793; il ne fut néanmoins pas compris dans la proscription qui atteignit ses collègues, signataires de cet acte. A la fin de 1794, il fut un des commissaires chargés d'examiner la conduite de Carrier et il eut encore le courage de se déclarer ouvertement contre cet agent sanguinaire. Son pays le renvoya comme député au conseil des Cinq cents, et il en sortit en 1797 pour devenir administrateur du département de la Somme[1].

Les travaux du port étaient interrompus par suite du mauvais état des finances; le canal, commencé sur tout son parcours, depuis Sur-Somme jusqu'à Pinchefalise, avait pour résultat de fixer davantage le chenal de la Somme sur la rive droite. Les navires à destination de Saint-Valery continuaient, comme par le passé, à stationner au Crotoy pour s'y alléger ou pour attendre une marée favorable. « Les commerçants de Saint-Valery sentant la nécessité d'entretenir un chenal sous les murs de la Ferté, se firent autoriser à supprimer le moulin de l'abbaye situé sur la rivière d'Amboise, en indemnisant les propriétaires, afin d'employer les eaux de la dite rivière pour entretenir un chenal à travers les sables qui séparaient le port du cours de la Somme[2]. »

Ce chenal suffit pour conserver la navigation de Saint-Valery. Le port n'était abordable que dans les marées de vives eaux; mais il permettait d'at-

---

[1] Voir *Biographie d'Abbeville et de ses environs.* Louandre, page 291.
[2] *Rapport de M. Quinette, préfet de la Somme*, 15 juillet 1808.

tendre des temps meilleurs où les travaux interrompus pourraient être repris.

Les instincts maritimes étaient d'ailleurs conservés parmi la population de Saint-Valery; ils produisirent des marins dont les noms figurent avec honneur dans les fastes de la France. Saint-Valery cite avec orgueil le contre-amiral Perrée, qui mourut glorieusement sur son banc de quart en combattant Nelson; le capitaine Lejoille, enlevé par un boulet au moment où il forçait le port de Brindes; Jean-François Blavet, lieutenant de la marine royale en 1778, que les habitants de Saint-Valery nommèrent en 1793 capitaine de vaisseau, et qui mourut à Saint-Valery en 1796, des blessures qu'il avait reçues en combattant les Anglais; d'autres noms, tels que les capitaines Ricot, Parmentier et Châtelain, figurent encore honorablement dans les biographies, et témoignent de l'aptitude des Valericains pour la marine et de leur bravoure dans les circonstances périlleuses[1].

La grande question pour la prospérité commerciale de Saint-Valery, était l'amélioration du port. Napoléon I*er*, qui cherchait les moyens de tenir tête à l'Angleterre, visita les ports de la Manche et vint à Saint-Valery, le 26 juin 1803; il avait jugé l'embouchure de la Somme propre à abriter une flotille de bâtiments légers : c'est dans ces vues qu'il ordonna que les travaux de canalisation fussent con-

---

[1] *Bibliographie d'Abbeville et de ses environs.* Louandre, p. 339.

tinués. On y mit des ouvriers, on y employa surtout des prisonniers espagnols; mais bientôt, par suite des événements politiques, l'ouvrage fut de nouveau abandonné.

A la Restauration, les projets de canalisation de la Somme furent repris. Une convention provisoire passée le 24 mai 1821, entre le gouvernement et M. Urbain Sartoris, banquier, stipula que le canal de la Somme, qui porterait le nom de canal d'Angoulême, serait entrepris par la compagnie que représentait M. Sartoris, au moyen d'un emprunt de six millions de francs[1]. Une ordonnance royale du 20 février 1823, autorisa en effet, cette compagnie à émettre des actions pour cet emprunt, et deux ans après, les travaux étaient entrepris sur toute la ligne et poussés avec activité.

Ce canal qui, dans l'origine, eut pour but d'établir par la vallée de la Somme, une communication des villes de l'intérieur avec la mer, s'embranche près du village de Saint-Simon, sur le canal Crozat, passe à proximité de Péronne, traverse Amiens et Abbeville, et vient déboucher dans la mer, près de Saint-Valery, sous la falaise du Moulenel, où fut établie une écluse de chasse à trois perthuis. Le développement du canal est de 156,831 mètres,

[1] Une ordonnance royale du 27 avril 1825, autorisa les Statuts de la Société anonyme du canal de la Somme, et permit en même temps de dédoubler les actions de jouissance, c'est-à-dire de porter le nombre des actions de cette espèce de 660 à 1320, en donnant a chaque porteur d'actions anciennes deux actions nouvelles. F. L.

dont 3,500 dans le département de l'Aisne et le reste dans celui de la Somme. Sa pente totale est de 66 mètres 74 centimètres. Elle est rachetée par vingt-quatre écluses, y compris le sas éclusé dont nous venons de parler, qui termine le canal vers Saint-Valery et le met en communication avec la mer.

Ce canal est destiné à transporter du port de Saint-Valery dans l'intérieur les marchandises destinées à l'approvisionnement d'Amiens, Corbie, Péronne, Ham, Abbeville, Saint-Quentin, Laon, La Fère, Chauny, Noyon, Soissons, Rheims, Compiègne, Creil, Chantilly, Pontoise et Paris.

Ces marchandises consistent principalement en houille, bois, tourbe, engrais, fers et fonte, matériaux de construction, etc. La plus grande partie des bateaux qui parcourent la basse Somme se compose de petites embarcations employées à l'exploitation des tourbières que renferme la vallée. Les bateaux servant au transport des marchandises sont des gribannes, embarcations plates que étaient gréées pour naviguer à mer haute dans la baie; mais elles tendent à disparaître.

La partie depuis Saint-Valery jusqu'à Abbeville, peut recevoir des navires de mer de deux cents tonneaux et plus.

Lors de la reprise de ce travail, en 1825, une opposition s'éleva contre son exécution : on voulait que la direction du canal fût changée et qu'on tirât partie de la position du Crotoy pour en faire l'avant port de Saint-Valery. Cette opinion ne prévalut point : on écarta le Crotoy et l'avant port fut établi à la pointe du Hourdel, situé plus bas sur la même rive que Saint-Valery.

XIX

Après tant d'orages, tant de vicissitudes, la ville de Saint-Valery jouït enfin du calme apporté par la civilisation, et par l'unité et la stabilité du pouvoir. C'est aujourd'hui une jolie ville, pittoresquement située au pied du vieux côteau de *Leuconaus*. La ville a conservé une partie de sa physionomie du moyen-âge : encore enserrée dans les limites de son enceinte séculaire, elle semble aspirer l'air et l'espace et demande à s'élargir et à s'étendre. La porte d'Abbeville existe encore, elle est haute et étroite; deux baies latérales avaient servi à recevoir les deux bras d'un pont-levis qui n'existe plus, mais dont on peut reconnaître la longueur par la largeur du fossé, qui fut comblé pour établir une issue à la porte.

Entre les deux baies du pont-levis, il y avait un écusson qui a été détruit et badigeonné : on lit au-dessus le mot *fides*, écrit sans doute sous le règne d'Henri IV, qui avait eu lieu d'être satisfait des témoignages de dévouement donnés à sa cause par les habitants de Saint-Valery.

Un couloir étroit et tortueux, bordé de murailles épaisses, descendait de la voûte jusqu'à l'extrémité des ouvrages de défense; on a abattu une partie de ces murailles pour dégager les abords de la porte : il est probable qu'on fera disparaître également le pâté de maisons qui masque encore cette entrée.

On a enlevé en même temps l'épaulement qui servait à la défense de cette porte. C'était une espèce de bastion élevé de douze mètres environ et qui devait dominer les abords de la place de ce côté : on en a retiré une assez grande quantité de boulets et de bombes qui paraissaient y avoir été casematés.

La muraille qui soutient la poussée de l'église, est encore entière, mais les herbes croissent dans les interstices des pierres, qui semblent prêtes à se détacher. Une longue fissure la partage dans sa longueur : il semble qu'une partie de la maçonnerie a cédé sous la pression des terres.

Les éboulements de terre ont cessé dans la partie où la muraille n'existe plus; le talus a été planté d'arbres et d'arbustres qui en assurent la solidité.

La tour Harold (*tour à roc*) est arrasée presque au niveau de la digue du port, avec laquelle elle a été raccordée par une levée de terre formant promenade; un gracieux chalet a été construit sur son sommet, par un propriétaire de bains de mer établis au pied de la tour. Ce vieux monument qui, il y a trois siècles à peine, vomissait la flamme et le fer sur les vaisseaux ennemis, est aujourd'hui une pitoresque ruine consacrée aux loisirs des baigneurs, qui viennent y respirer l'air frais de la mer et se récréer du délicieux panorama qu'offre de ce point la vue de la baie. En comparant ces deux époques, nous sommes tentés de répéter les paroles de Guiberti, *et minutissimum digitum nostrum, patrum quos plus æquo extollimus, nostrorum dorsis grossiorem reperire poteritis* [1].

Au-dessus de la tour Harold existent encore les restes de la porte d'Eu, qu'une plaque apposée sur la ruine, intitule *Porte Guillaume*. La municipalité a eu le bon goût de conserver intact ce précieux morceau de l'architecture militaire du XIIe siècle. La porte était placée dans un massif épais formé par deux tours que liait entre elles la voûte et les aménagements qu'elle supportait, mais qui n'existent plus. Ces deux tourelles se projettent en avant de l'enceinte continue, à laquelle elles sont rattachées par un conduit étroit qui devait être voûté. Deux portes existent dans le couloir, elles conduisent dans des souterrains dont l'exploration pourrait être intéressante. Les deux tourelles, quoique dégradées et noircies par le temps, ont une élégance de forme dont il nous est resté peu de spécimens dans cette contrée; l'une d'elle a conservé une partie de son couronnement, composé de consoles ou de contreforts qui durent

---

[1] Guiberti. *Gesta dei*, Bongars, page 470.

servir à des machicoulis; la seconde était sans doute pareille, mais le couronnement n'existe plus.

En explorant ces souterrains on arriverait à savoir quelle fut leur destination. Les souterrains des forteresses du moyen-âge servaient ordinairement de magasins pour les provisions, ou bien on y enfermait des prisonniers; quelques uns débouchaient à une assez grande distance dans la campagne, sans doute pour communiquer secrètement avec le dehors ou pour quitter la place lorsqu'il devenait impossible de la défendre.

En descendant vers le Sud, on contourne le pied de l'ancienne enceinte du château, dont quelques parties de mur sont encore debout. Lorsqu'on regarde le haut de ces murailles élevées, on se figure y voir encore les combattants anglais et bourguignons, le casque en tête et la cuirasse au dos. Que de soldats agonisants furent précipités au bas de ces murailles lorsque les échelles étaient dressées et que les machines de guerre ébranlaient la maçonnerie jusque dans ses fondations! Il reste maintenant peu de chose de ces anciens attributs de la forteresse du Vimeu; mais ses ruines et l'emplacement qu'elles occupent suffisent pour donner une idée de la place et de son importance militaire.

Le château était renfermé dans l'enceinte de la place et ne paraît point en avoir été séparé par aucun ouvrage défensif; il était édifié sur la partie la plus escarpée de la ville, du côté de la campagne. Il n'en reste aujourd'hui qu'un corps de bâtiment, où l'on avait construit un théâtre qui existait encore il y a quelques années [1].

Les bâtiments de l'abbaye étaient presque contigus aux murailles de la ville du côté du Château et de la porte d'Eu. Il n'en existe plus qu'une aîle servant d'habitation et qui porte encore le cachet de grandeur des anciens possesseurs religieux. Un pan de mur a conservé quelques traces des parois intérieures de l'église qui étaient très-belles et dont les derniers vestiges ont disparu dans la tourmente révolutionnaire de 1793.

C'est maintenant une charmante propriété d'agrément, qui a longtemps appartenu à la célèbre famille Renouard. Les jardins et le parc formaient une étendue immense qui est enclose de murs parmi lesquels on remarque encore des restes d'anciennes constructions. Du côté de la Croix-l'Abbé, sur le Mont-Rôti, est une porte charretière isolée, qui donne entrée à un corps de ferme dépendant de la propriété, et sur laquelle est gravé le millésime de 1722. A l'extrémité opposée, on remarque dans le mur, un endroit nommé le *cul des moines*. C'est une porte basse murée, dont le ceintre porte quel-

---

[1] Il restait en 1800 quelques murs à demi renversés et un vieux château, où est une salle de comédie fréquentée une fois ou deux par an, pendant deux à trois jours au plus.

(*Note manuscrite de* M. DEVÉRITÉ.)

ques traces de sculpture. Cette porte semblait destinée à mettre l'abbaye en communication avec la chapelle de Saint-Valery, située à deux mètres de là, au milieu d'un bouquet d'arbres élevés. La chapelle a été récemment restaurée. On jouit de ce point, le plus élevé des environs et qui forme le promontoire du Cap-Cornu, d'une des vues les plus étendues et les plus variées qu'il soit possible de rencontrer.

La ville de Saint-Valery communique actuellement avec la Ferté par une belle route et par la digue du quai que longe le chenal de la Somme; de jolies constructions s'élèvent le long de cette route qui avant peu sera la plus belle rue de la ville.

On y remarque le *Casino*, établissement ouvert à l'occasion des bains de mer et des régates, où l'on donne des bals et des concerts. Il y a un jardin et un parc d'où l'on jouit de la vue que présente la baie avec son encadrement jusqu'au Crotoy et la forêt de Crécy.

C'est en face du Casino que se font les régates, qui ont été inaugurées sous les plus brillants auspices et qui promettent d'être les plus fréquentées et les plus courues des ports de la Manche.

La Ferté est encore, comme du temps du chevalier de Clerville, la partie la plus commerçante et la plus animée de la ville de Saint-Valery. C'est une longue rue, au bas du côteau, que longe la Somme canalisée depuis l'entrée du port jusqu'aux écluses. La galerie de pilotis qui, il y a une vingtaine d'années, servaient, du côté de la mer, de support aux maisons d'une partie de la grande rue et sous laquelle la haute mer portait ses dernières vagues, a disparu pour former la continuation du quai qui communique de la Bourse à la tour Harold et au Cap-Cornu.

De charmantes promenades ont été plantées sur les terrains vagues que la mer a abandonnés aux deux extrêmités de la Ferté. Les arbres et les taillis croissent, des bancs y ont été placés : dans quelques années on aura, à portée des quais, de frais ombrages pour le repos et la méditation, agréments qui se rencontrent rarement sur les bords de la mer.

Le barrage éclusé est établi, ainsi que nous l'avons dit plus haut, sous la falaise du Moulenel, en arrière du chantier de construction. Les buses du sas sont à 1 mètre au-dessus du niveau des posées du quai de la Ferté, ou à 5 mètres 7 cent. au-dessus du plan du niveau des basses mers. Il y avait autrefois trois perthuis; mais une des piles s'étant affaissée en 1846, on fut obligé de la supprimer; il n'en reste actuellement que deux qui suffisent au jeu des chasses et aux communications de la navigation entre la mer et le canal.

La gare du chemin de fer est à peu de distance de l'écluse. C'est une construction provisoire qui sera prochainement rapprochée du port, et peut-être même placée entre la ville et la Ferté, emplacement le plus commode pour le commerce et pour les voyageurs.

Le chemin de fer de Saint-Valery est une des œuvres les plus hardies et les plus pittoresques qui ait été exécutée en ce genre en France; la partie centrale est établie sur un pont en charpente de treize cent soixante-sept mètres, se rattachant des deux bouts à une digue ou levée en terre élevée au niveau des deux rives. C'est encore une construction provisoire, car les atterrissements dans la partie supérieure de l'ancienne baie, et même entre Saint-Valery et le Crotoy, est si rapide, qu'avant peu d'années le barrage pourra être condamné et remplacé par une digue pleine.

Le port de Saint-Valery est spacieux. A proprement parler, il ne s'étend que du barrage éclusé au coin de la Bourse, étant limité du côté de la Ferté par de beaux quais en pierre nouvellement construits, et au Nord par une digue en terre que termine une estacade à claire-voie. Le fond du chenal est de vase marneuse mêlée de sable et de galets formant un talus plus incliné sur lequel les navires asséchant à marée basse, trouvent une posée commode.

L'avant port s'étend depuis la Bourse jusqu'à la tour Harold. Le chenal, sur cette étendue, est large et tiré au cordeau : c'est une magnifique entrée de port, qui a d'un côté la ville et les coteaux boisés qui la séparent de la Ferté, et de l'autre la baie avec le charmant panorama de la rive droite. Le côté gauche du chenal est bordé par une digue élevée au-dessus des plus hautes marées et garnie de clayonnages et de galets; le côté droit est formé d'enrochements sous-marins qui empêchent le courant de dévier de la ligne droite. Le lit de la Somme sera ainsi prolongé jusqu'à la pointe du Hourdel qui sera définitivement l'avant-port de Saint-Valery.

Cette direction donnée au lit de la rivière nous semble peu favorable au port de Saint-Valery et même à l'avenir de la navigation de la Somme. Le chenal étant encaissé sur la rive gauche, malgré sa tendance à se porter sur la rive droite, il est évident que l'encaissement étant arrivé au Hourdel, l'exhaussement des terres sera rapide sur la rive du Crotoy et qu'il atteindra promptement l'enrochement qui forme le côté droit du chenal. Déja même, on peut remarquer que l'exhaussement est tel à l'appui de ces enrochements, que les bancs ne couvrent plus dans les marées de morte-eau. C'est peut-être un enseignement dont les projets futurs pourront tirer parti. Le vide de la baie n'existant plus, il n'y aura plus de flot, plus de jusant; il faudra de toute nécessité une écluse au Hourdel. Dès ce moment, Saint-Valery cesserait d'être port de mer; ce sera un port de canal; une station de navigation entre le Hourdel et Abbeville, et rien de plus.

Dans l'état des choses, ce qu'il convenait de faire, c'était, à la tête de l'estacade, de laisser la Somme choisir sa pente, de suivre cette indication imprimée par les mouvements de flux et de reflux dans l'embouchure, et, avec les ressources que l'art possède, d'améliorer et d'approfondir le chenal dans cette direction. La baie dont le port de Saint-Valery devenait le sommet était conservée, et cette plage qui est aujourd'hui en voie de se transformer en canal, restait plage maritime et port de mer.

C'est un vœu que nous avons souvent exprimé avec franchise. Les destinées de Saint-Valery nous semblent en dépendre. Lorsque les attérissements qui se produisent au nord des enrochements auront atteint le niveau maximum des terrains à enclore, la nappe d'eau qui s'étend aujourd'hui de Saint-Valery au Crotoy n'existera plus ; alors plus de bains de mer, plus de régates, plus de port : tout cela aura été transporté au Hourdel, qui dans les conditions d'avenir que lui donnent les travaux en voie d'exécution, nous semble devoir être un jour l'unique port de la Somme.

FIN.

164 — Abbeville, Imp. R. Housse, successeur de T. Jeunet.